KEDA BLACK

MEAL PREPPING
VEGETARISCH

1X KOKEN VOOR DE HELE WEEK

FOTO'S PIERRE JAVELLE
LAY-OUT CHRISTINE LEGERET

BECHT

INHOUDSOPGAVE

Week 07 pagina 84

Week 08 pagina 96

Week 09 pagina 108

Week 10 pagina 120

Week 11 pagina 132

Week 12 pagina 144

Week 13 pagina 156

Zelf aan de slag met meal preppen 168

Meal preppen, wat is dat?

Meal preppen houdt in dat je voor een hele week tegelijk kookt. Het betekent in feite dat je één keer per week boodschappen doet en daarna, bijvoorbeeld op zondag, een uur of twee in de keuken aan de slag gaat. Je doet dan het meeste werk, zodat je doordeweeks binnen 10 minuten het avondeten op tafel kunt zetten.

3 goede redenen om over te stappen op meal preppen

MEER RUST
Het is natuurlijk hartstikke leuk om elke dag even wat boodschappen te doen of om je te laten inspireren door wat er nog in je koelkast ligt, maar doordeweeks ontbreekt daarvoor vaak de tijd. Met meal preppen heb je alles in huis en voorbereid. Alles gaat in één moeite door.

VERANTWOORDER ETEN EN ALTIJD ZELFGEMAAKT
Omdat je alles hebt voorbereid, zet je elke dag in een handomdraai een zelfgemaakte maaltijd op tafel. Je hoeft niet meer je toevlucht te nemen tot diepvriesmaaltijden, afhaalmaaltijden of de bezorgservice.

MINDER VERSPILLING
Alles wat je koopt, wordt gebruikt. Verse producten zijn sneller klaar, vooral groenten. En je koelkast puilt niet langer uit met groenten die uiteindelijk liggen weg te kwijnen in je groentela.

HOE GEBRUIK JE DIT BOEK?

01 Het weekmenu

02 Resultaat van je kookdag

Lijst van de gerechten van de week

Een praktisch advies

Benodigde tijd op zondag

Het beste seizoen voor dit menu

Voorraadbakjes en -potten

Op de foto: alles wat je vóór je kooksessie moet hebben voorbereid

Keukengerei

Tips om een ingrediënt te vervangen

03 Boodschappenlijst in één oogopslag

Weekaanduiding

Alle benodigde ingrediënten, ingedeeld per categorie

Een foto van elk ingrediënt

Basis-ingrediënten uit de voorraadkast

04 Stappenplan voor je kookdag

Duidelijke afbeeldingen van elke bereidingsstap

Genummerde stappen, om gestructureerd te werk te gaan

Hoelang je over elke stap doet

Aan het eind van elke stap staat hoe je je bereiding kunt bewaren

INSTRUCTIES

→ **PLASTICFOLIE:** dek af met plasticfolie

→ **BAKJE:** doe in een bakje of bewaardoos

→ **THEEDOEK:** wikkel in een schone theedoek

→ **ZAKJE:** doe in een plastic (diepvries)zakje

→ **KOELKAST:** bewaar in de koelkast

→ **VRIEZER:** bewaar in de vriezer

→ **VOORRAADKAST:** bewaar in de voorraadkast, op kamertemperatuur

05 Wat je de dag zelf nog moet doen

Een foto van het uiteindelijke gerecht

Titel van het recept

Bereidingstijd

Wat je nog moet doen

Wat je voor de volgende dag moet doen

PRAKTISCHE ADVIEZEN

MATERIALEN

Glazen potten en plastic bakjes

Kies bij voorkeur voor glas, want glas is duurzaam en plastic kan giftige stoffen bevatten die worden overgebracht op het eten, vooral in contact met vette of warme producten. Gebruik alleen plastic materiaal met de classificatie 2, 4 en 5. Deze vallen binnen de normen die de voedsel- en warenwet heeft gesteld.
Kies voor het invriezen van etenswaren wel voor plastic. Vloeibare producten zetten namelijk uit tijdens het bevriezen, waardoor glas minder geschikt is.

Kommen, slakommen en andere schalen

Je kunt ook kommen, slakommen en andere schalen gebruiken en deze afdekken met een bord of zelfgemaakte bijenwasdoek (op internet staan tutorials hoe je die maakt) in plaats van grote hoeveelheden plastic- of aluminiumfolie te gebruiken.
Dit is de eenvoudigste en goedkoopste oplossing, maar minder handig omdat bereidingen dan meer plaats innemen in je koelkast.

Diepvrieszakjes

Deze zakjes zijn heel handig voor kruiden of salades. Gebruik ze voor onbewerkte inhoud, zonder vet, zodat je de zakjes gemakkelijk nog een keer kunt gebruiken. Geef voor andere bereidingen de voorkeur aan materiaal dat je gemakkelijk kunt afwassen.

Wat heb ik nodig?

Voor elk menu in dit boek heb je ongeveer het volgende nodig:

- 4-5 bakjes/zakjes van 300 ml
- 4-5 bakjes/zakjes van 750 ml
- 4-5 bakjes/zakjes van 1,5 l
- enkele kleine kommetjes, potjes of plastic bakjes

Je kunt jampotjes of andere potten hergebruiken. Let op met plastic: het is niet altijd geschikt voor de vaatwasser en kan niet altijd worden gebruikt voor het bewaren van vetstoffen.

TIMING EN HOEVEELHEDEN

Hoeveelheden

De menu's in dit boek zijn bedoeld voor 4 personen, maar niet iedereen eet evenveel en niet elke gezinssamenstelling is hetzelfde. Pas de hoeveelheden dan ook gerust naar behoefte aan. Je kunt bijvoorbeeld ook brood aan een maaltijd toevoegen of fruit als dessert geven.

De timing

De tijden zijn schattingen voor elk menu en elke stap. Deze kunnen van persoon tot persoon echter erg verschillen: de een werkt wat sneller, de ander wat langzamer; de een werkt heel netjes, de ander gedijt in een wat meer chaotische keuken... Hoe dan ook, je zult zien dat je op den duur aan efficiency wint.

En als ik restjes heb?

Restjes kun je invriezen (vries ontdooide gerechten niet opnieuw in), verwerken in een soep, als lunch meenemen naar je werk, de volgende dag op een andere manier serveren, enzovoort. Weggooien hoeft eigenlijk nooit!

ETEN BEWAREN

Wat het bewaren betreft, zijn er eigenlijk geen echte regels. Heb vooral vertrouwen en proef en ruik de bereidingen. Wees met bepaalde bereidingen voorzichtig. Bewaar gerechten met bijvoorbeeld rauwe eieren niet langer dan 2 dagen. Met groenten loop je minder risico, al kan de smaak wel wat afnemen.

Wat kan ik in de koelkast bewaren?

- Stoofschotels en vullingen kun je enkele dagen in de koelkast bewaren. Ze worden er alleen maar beter op.
- Sauzen en smaakmakers zijn zeer goed houdbaar door de vetten die ze bevatten. Dek pesto's en relishes af met een dun laagje olie.
- Rijst droogt iets uit in de koelkast, maar voor gebakken rijst is dat juist perfect!

- Geschilde wortelgroenten (aardappels, wortels, enz.) zijn zonder meer 2-3 dagen houdbaar, maar bewaar ze wel in water om verkleuring te voorkomen.
- In boter of olie gefruite of gekaramelliseerde uien zijn enkele dagen houdbaar; in de vriezer zelfs nog langer.
- Gewassen sla en verse kruiden bewaar je het best in een bak, een kom of een zakje. Haal de slablaadjes voorzichtig los, zonder ze te knakken. Beschadigde blaadjes verkleuren en verwelken. Ze houden wel van een beetje vocht, maar niet te veel.
- Zuren, suikers en zout hebben de neiging om voedingsmiddelen te 'garen'. Bewaar ze daarom apart en voeg ze pas op het laatste moment toe.

Heb ik een diepvries nodig?

De diepvries is een nuttig hulpmiddel. Hiermee behoud je zowel voedingsstoffen als smaak.
Soep laat zich prima invriezen, met behoud van vitaminen. Je kunt een soep beter invriezen dan 2-3 dagen in de koelkast bewaren.
Let op: het vriesproces verandert wel de textuur van bepaalde producten, met name van een groot aantal rauwe groenten. Dat komt doordat het vocht in de groenten bevriest en daarbij de structuur kapotmaakt.

Ontdooien

Je kunt producten altijd het best langzaam ontdooien, bij voorkeur door ze de avond van tevoren in de koelkast te leggen. Dat is veel beter dan ze rechtstreeks in de oven, op het fornuis of in de magnetron te verwarmen.

Peulvruchten

Je kunt voorgekookte, gebruiksklare peulvruchten uit een blik of pot gebruiken of kiezen voor de gedroogde variant (vermenigvuldig het 'droge' gewicht met 2 tot 2,5 om het 'gekookte' gewicht te verkrijgen). Vergeet in dat laatste geval niet om ze de dag ervoor in een ruime hoeveelheid water te weken en vervolgens, op de dag zelf, af te spoelen en in een ruimer hoeveelheid water met wat zout gedurende minstens 1 uur te koken. Let op: linzen hoef je niet te weken voor het koken.
Goed om te weten: combineer peulvruchten altijd met granen; ze vullen elkaar aan en de combinatie van de twee is supergezond.

Taart- en brooddeeg

Als je wat meer tijd hebt, kun je zelf korst- of brooddeeg maken. Dat is altijd beter. Je kunt dan ook in één keer een grote hoeveelheid maken, waarvan je een deel in vershoudfolie verpakt en invriest.
Voor pizza's kun je de bakker om ongebakken pistolets of stokbrood vragen en dit deeg uitrollen.
Vers bladerdeeg is zowel in de supermarkt als online verkrijgbaar.

Ben je een diepvriesfan?

Dat gaat best samen met meal preppen, hoor. Als je bijvoorbeeld een hekel hebt aan pompoen snijden omdat je moeite hebt met de harde schil, koop dan voor bijvoorbeeld de soep kant-en-klaar gesneden diepvriespompoenblokjes.

ALTERNATIEVEN VOOR FABRIEKSPRODUCTEN

In dit boek hebben we gekozen voor een eenvoudige keuken. Meal prepping maakt het mogelijk om het werk in de keuken te optimaliseren – en dus zoveel mogelijk gebruik te maken van verse en onbewerkte producten. Het is een manier om gezonder te eten en additieven en suikers te vermijden die zijn toegevoegd aan kant-en-klare producten. Bepaalde kant-en-klare producten zijn echter wel heel handig en leveren veel tijdwinst op. We hebben er in dit boek voor gekozen om geen vleesvervangers te gebruiken: je kunt ze natuurlijk wel gebruiken, maar het leek ons interessanter om zelfgemaakte ideeën voor te stellen, zoals gehaktballetjes met peulvruchten en 'hamburgers' met granen. Hier volgen enkele handigheidjes waarmee je fabrieksproducten kunt vermijden.

SEIZOENSPRODUCTEN

herfst

Groente

Aardappel
Biet
Broccoli (einde seizoen)
Knoflook
Knolraap
Kool (alle soorten)
Mais
Pastinaak
Pompoen (alle soorten)
Prei
Selderij: bleek- en knolselderij
Snijbiet (vooral in de lente, maar soms ook in de winter verkrijgbaar)
Spinazie (einde seizoen)
Tomaat (sommige soorten tot in oktober)
Ui
Venkel (einde seizoen)
Wintersla (bijv. andijvie, frisee, veldsla, witlof)
Wortel

Fruit

Appel
Blauwe bes
Citroen
Clementine (in december)
Druif
Framboos (in oktober)
Hazelnoot
Kastanje
Kiwi
Kweepeer
Mandarijn
Peer
Sinaasappel (in december)
Vijg (in oktober)
Walnoot

winter

Groente

Aardappel
Biet
Knoflook
Knolraap
Kool (alle soorten)
Mais
Pastinaak en andere wortelgroenten
Pompoen (alle soorten)
Prei
Selderij: bleek- en knolselderij
Snijbiet (vooral in de lente, maar soms ook in de winter verkrijgbaar)
Ui
Wintersla (bijv. andijvie, frisee, veldsla, witlof)
Wortel

Je kunt ook diepvrieserwten en -sperziebonen gebruiken en uiteraard tomaten van goede kwaliteit uit blik.

Fruit

Appel
Citroen
Clementine
Grapefruit
Kiwi
Mandarijn
Peer
Sinaasappel

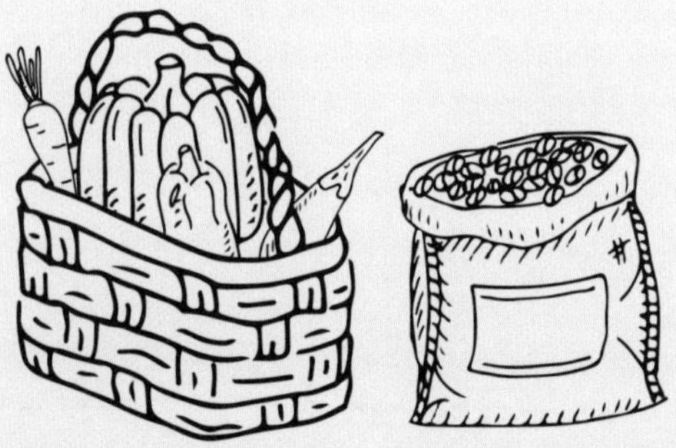

HET IS HET SEIZOEN!

Kies in elk seizoen voor korte aanvoerroutes: boerderijwinkels, markten en winkels waar ze regionale producten verkopen. Groenten van het seizoen hebben meer smaak, zelfs al heb je aan het einde van de winter niet zo heel veel keus meer. Je kunt 's winters nog wat variatie op tafel zetten met groenten of fruit uit blik of pot of uit de diepvries, maar kies altijd voor een goede kwaliteit: tomatenpassata, diepvrieserwten of -tuinbonen, diepvriesframbozen, enzovoort.

lente

Groente

Aardappel
Aardappel (primeur)
Artisjok
Asperge
Biet (jonge)
Bleekselderij
Bloemkool
Bonen: sperziebonen, snijbonen en dopbonen
Broccoli
Courgette
Erwten (in de dop)
Knoflook (jonge)
Knolraap (jonge)
Komkommer
Bosui
Prei (jonge)
Radijs
Snijbiet
Spinazie
Venkel
Voorjaarssla (bijv. kropsla)
Wortel

Fruit

Aalbes (in juni)
Aardbei
Abrikoos (in juni)
Grapefruit
Kers (in juni)
Rabarber
Watermeloen
Zwarte bes (in juni)

zomer

Groente

Aardappel
Aardappel (primeur)
Artisjok
Aubergine
Bleekselderij
Bonen: sperziebonen, snijbonen en dopbonen
Broccoli
Courgette
Knoflook (jonge)
Komkommer
Bosui
Paprika
Radijs
Snijbiet
Spinazie
Spitskool
Tomaat
Wortel
Zomersla (bijv. batavia, bindsla, kropsla)

Fruit

Aalbes
Aardbei
Abrikoos
Blauwe bes
Braam
Druif (eind van de zomer)
Framboos
Hazelnoot (eind van de zomer)
Meloen
Mirabelle (eind van de zomer)
Nectarine
Perzik
Pruim
Vijg (eind van de zomer)
Walnoot (eind van de zomer)
Watermeloen
Zwarte bes

VAN MAART TOT SEPTEMBER

Dit is de periode waarin groenten weinig bereiding, weinig kooktijd en weinig kruiden nodig hebben. Je hoeft groenten niet altijd te schillen. Vaak is hun schil zo dun dat je ze alleen hoeft af te borstelen onder de kraan.
Als je te veel kruiden of andere bladgroenten hebt (waterkers, rucola), maak er dan een pesto van (dat kan trouwens ook heel goed met het loof van radijs). Je kunt ze ook invriezen en later gebruiken in gekookte gerechten of soepen.
Dit is ook het seizoen van de relishes van fijngesneden groenten en rauwkost, verrijkt met wat pittigere smaken, zoals olijven, knoflook en kruiden, overgoten met olie, een beetje zout erbij – super! Ze halen de smaak van eenvoudige gerechten, zoals een soepje of een gebakken ei, perfect op.

Week 01

maandag
Champignons, spinazie, gebakken eieren, bulgur

dinsdag
Spaghetti alla puttanesca

woensdag
Uientaart, salade

donderdag
Dal, rijst, spinazie, kool met komijn

vrijdag
Linzen-groentesoep met miso

bonusrecept
Huisgemaakt brood met kaas en kruiden

TIMING

2 uur
IN DE KEUKEN
+ 1 uur 30 tot 2 uur rusttijd

HERFST

Buiten het seizoen kun je de kool vervangen door sperziebonen.

TIP

Miso is een geweldige smaakmaker voor in bouillons en soepen.

GEEN LIEFHEBBER VAN

champignons? Vervang ze dan door gerookte tofu die je gerecht een uitgesproken smaak geeft.

Om te bewaren

2 of 3 zakjes
5 bewaardozen van circa 300 ml
5 bewaardozen van circa 750 ml
1 bewaardoos van circa 1,5 l

Keukengerei

1 bakplaat
1 cakevorm
1 of 2 grote (stoof)pannen
1 of 2 koeken- of hapjespannen

MAANDAG
DINSDAG
VRIJDAG
DONDERDAG
WOENSDAG
BONUS

week 01 *de boodschappen*

Fruit, groenten en kruiden

- ☐ 500 g champignons
- ☐ 5 wortels (liefst met mooi loof)
- ☐ 1 flinke krop sla van het seizoen
- ☐ ½ (of 1 kleine) groene kool
- ☐ 1 bos bladpeterselie
- ☐ 1 bos koriander
- ☐ 1 bos bieslook
- ☐ 1 cm kurkumawortel
- ☐ 3 cm gemberwortel
- ☐ 10 uien
- ☐ 11 teentjes knoflook
- ☐ 1 citroen

Diepvries

- ☐ 600 g diepvriesspinazie

Vers

- ☐ 5 eieren (of 9 als je een grotere eetlust hebt!)
- ☐ 300 g tomme of cantal + kaasplankje met kazen naar keuze, voor bij de soep
- ☐ 100 g Parmezaanse kaas
- ☐ 180 g boter (leg 30 minuten van tevoren 165 g boter in de vriezer) + extra om in te vetten
- ☐ 200 g Griekse yoghurt

Supermarkt

- ☐ 150 g bulgur
- ☐ 2 eetlepels kappertjes (liefst gezouten)
- ☐ 200 g rode linzen
- ☐ 300 g zwarte kalamata-olijven zonder pit
- ☐ 2 eetlepels tomatenpuree
- ☐ 1 blik gepelde tomaten
- ☐ 500 g spaghetti
- ☐ 240 g langkorrelige witte rijst
- ☐ 2 eetlepels rode miso (biologische of Aziatische supermarkt)
- ☐ 1 zakje gedroogde bakkersgist (of 15 g verse bakkersgist)
- ☐ 150 g groene linzen

Uit de voorraadkast

- ☐ olijfolie
- ☐ neutrale olie (bijv. druivenpit-, koolzaad- of zonnebloemolie)
- ☐ 700 g tarwe- of patentbloem
- ☐ grove mosterd
- ☐ 1 theelepel komijnzaad (of gemalen komijn)
- ☐ chilivlokken of -poeder
- ☐ zout, peper

Week 01 *zondag*

1. Voorbereidingen

30 minuten

Leg 165 g boter in de vriezer.
Was de kruiden en dep ze droog. Hak de bieslook fijn. Haal de blaadjes van de koriander en peterselie. Berg de helft van de koriander en een kwart van de peterselie op. → **BAKJES OF ZAKJES** → **KOELKAST** Hak de rest van de koriander en peterselie fijn.
Borstel de wortels met het loof (verwijder eventueel beschadigd blad) onder de kraan schoon of schrap ze. Snijd ze in plakjes en hak het loof fijn.
Was de kool en snijd hem in reepjes. Berg de helft op. → **BAKJE** → **KOELKAST**
Was en droog de sla. → **ZAKJE** → **KOELKAST**
Pel de uien en knoflook. Snipper de uien.
Rasp de tomme of cantal.
Hak de olijven fijn.
Veeg de champignons schoon, haal het onderste deel van het steeltje af en snijd de rest in plakjes. Leg 100 g opzij en berg de rest op. → **BAKJE** → **KOELKAST**
Schil de gember- en kurkumawortel en snijd ze in plakjes.
Spoel de linzen zorgvuldig af.

2. Dal

10 minuten

Doe de rode linzen in een pan met 600 ml water, breng het geheel aan de kook en schuim het oppervlak af. Voeg de gember, 2 teentjes knoflook, de kurkuma, de helft van de gehakte koriander, een mespunt chilivlokken en een scheutje citroensap toe. Laat alles op laag vuur, gedeeltelijk afgedekt, circa 1 uur koken tot de linzen uiteenvallen en het water geabsorbeerd is. Laat afkoelen. → **BAKJE** → **VRIEZER**

3. Taartdeeg en vinaigrette

20 minuten

HET TAARTDEEG Doe 200 g bloem in een kom en voeg ½ theelepel zout toe. Haal de boter uit de diepvries en rasp hem boven de bloem. Meng de boterkrullen met de bloem en voeg 120 ml water toe (bij voorkeur zeer koud, uit de koelkast). Kneed alles met koele handen snel tot een soepel deeg; voeg indien nodig nog wat meer water toe. Vorm dan een bal van het deeg, zonder het te veel te bewerken. → **PLASTICFOLIE OF ZAKJE** → **KOELKAST**
DE VINAIGRETTE Meng in een luchtdicht afsluitbaar potje 2 theelepels mosterd, 1 eetlepel citroensap, een beetje geraspte citroenschil, een beetje geraspte knoflook, zout, peper en 3 eetlepels olijfolie. Schud goed. → **KOELKAST**

4. Pastasaus

15 minuten

Als de kappertjes gezouten zijn, laat ze dan weken in een glas water. Verwarm 3 eetlepels olijfolie in een koekenpan op laag vuur. Laat hierin 4 teentjes geraspte knoflook (inclusief het 'aangebroken' teentje voor de vinaigrette) 2-3 minuten trekken. Voeg dan de grof gehakte gepelde tomaten, de kappertjes, de fijngehakte olijven, de tomatenpuree en een mespunt chilivlokken toe. Zet het vuur hoger, roer goed en laat alles dan 35 minuten op laag vuur sudderen (het is de bedoeling dat de saus indikt). Voeg de rest van de fijngehakte koriander en een derde van de fijngehakte peterselie toe en roer alles goed door. Laat afkoelen. **→ BAKJE → KOELKAST**

5. Uien en soep

20 minuten

DE UIEN Bak de uien in een koekenpan met 4 eetlepels olijfolie en een snufje zout op middelhoog vuur in 20 minuten glazig en zacht. Haal na 10 minuten 2 eetlepels uien voor de soep uit de pan. Laat de uien als ze gaar zijn afkoelen. Bewaar ze met 100 g geraspte kaas. **→ BAKJE → KOELKAST**
DE SOEP Doe de uien (zie hierboven) samen met 100 g champignons, de wortels en 5 teentjes geraspte knoflook in een braadpan. Laat alles 5 minuten zachtjes bakken, voeg dan de miso toe en roer goed. Zet het vuur lager en laat alles circa 10 minuten sudderen. Voeg dan 1,2 liter water en het wortelloof toe. Breng het geheel aan de kook en voeg de groene linzen en groene kool toe. Leg het deksel op de pan en laat de soep nog 30 minuten zachtjes koken. Voeg indien nodig nog wat zout toe. Laat afkoelen. **→ BAKJE → VRIEZER**

6. Taartbodem

15 minuten

Haal het deeg uit de koelkast. Plet het met de hand en rol het vervolgens uit tot een rechthoek om een met bakpapier bedekte bakplaat te bekleden. Dek het af met plasticfolie. **→ VRIEZER** of **→ KOELKAST** (als de vriezer te klein is).

7. Brood

15 minuten + 1 uur 30 tot 2 uur rusten

Verwarm 250 ml water tot het lauw is. Leng de gist aan met een beetje van dit water. Meng de aangelengde gist na 5 minuten met 500 g bloem, 2 theelepels zout en het resterende water. Kneed het gedurende 10 minuten goed door. Voeg dan de gehakte bieslook, de rest van de gehakte peterselie, 200 g geraspte kaas en 1 volle eetlepel mosterd toe. Kneed het deeg opnieuw goed door. Laat het dan onder een schone theedoek rijzen, op een warme tochtvrije plek. Na 1,5 tot 2 uur moet het deeg in volume verdubbeld zijn. Plet het, vorm er een bal van, rol het uit tot een langwerpig brood en leg het in een beboterde cakevorm. Vries het in om later af te bakken (**→ PLASTICFOLIE OF ZAKJE → VRIEZER**) of laat het 30 minuten onder een theedoek staan en bak het dan 40 minuten op 200 °C.

Week 01 *maandag*

Champignons, spinazie, gebakken eieren, bulgur

Klaar in 20 minuten, waarvan 10 minuten actief

DE BULGUR Kook de bulgur 5 minuten in 2 keer de hoeveelheid gezouten water.
DE CHAMPIGNONS, SPINAZIE EN EIEREN Verhit 1 eetlepel olijfolie in een koekenpan en bak hierin de champignons in 5 minuten bruin. Voeg 400 g spinazie en 15 g boter toe en laat alles nog 10 minuten zachtjes bakken. Maak 4 kuiltjes in de groenten en breek hierin 4 eieren (of 8 als je meer trek hebt). Voeg als het eiwit goed gestold is naar smaak nog wat zout en peper toe. Serveer met de bulgur.

Spaghetti alla puttanesca

Klaar in 15 minuten, waarvan 5 minuten actief

Kook de pasta in een grote pan volgens de aanwijzingen op de verpakking.
Warm de saus ondertussen zachtjes op. Giet de pasta af; houd 1-2 eetlepels kookwater apart.
Meng de pasta door de saus en voeg indien nodig nog een beetje kookwater toe. Serveer met geraspte Parmezaanse kaas.

VOOR WOENSDAG Haal de taartbodem uit de vriezer en zet in de koelkast.

Week 01 Woensdag

Uientaart, salade

Klaar in 30 minuten, waarvan 5 minuten actief

DE TAART Verwarm de oven voor tot 180 °C. Haal de taartbodem uit de koelkast en bak hem 15 minuten blind (zonder vulling). Verdeel dan de uien erover en bestrooi alles met de 100 g geraspte kaas. Klop 1 ei los met 150 g Griekse yoghurt en verdeel het mengsel over de uien-kaasvulling. Bak de taart dan nog circa 15 minuten. Garneer met blaadjes peterselie.
DE SALADE Breng de sla op smaak met de vinaigrette en serveer met de taart.
VOOR DONDERDAG Haal de dal en 200 g spinazie uit de vriezer en zet in de koelkast.

Dal, rijst, spinazie, kool met komijn

Klaar in 20 minuten, waarvan 5 minuten actief

DE DAL Warm de dal samen met 200 g gehakte spinazie op.
DE RIJST Kook de rijst in 1,5 keer de hoeveelheid gezouten water in 11 minuten gaar, in een pan met een goed sluitend deksel. Het water moet volledig geabsorbeerd worden. Laat de rijst dan nog 5 minuten rusten onder een theedoek.
DE KOOL MET KOMIJN Verhit 3 eetlepels olie (neutrale olie of milde olijfolie) en roerbak hierin het komijnzaad en de koolreepjes gedurende enkele minuten.
Serveer de dal, gegarneerd met verse koriander en een eetlepel Griekse yoghurt, samen met de rijst en de 'komijn-kool'.
VOOR VRIJDAG Haal de soep uit de vriezer en zet in de koelkast.

Week 01 *vrijdag*

Linzen-groentesoep met miso

Klaar in 10 minuten, waarvan 5 minuten actief

Warm de soep op. Strooi er voor het serveren een paar blaadjes peterselie of koriander over, afhankelijk van wat er over is, en geef er het kaasplankje bij met wat brood, of het huisgemaakte brood met kaas en kruiden.

Huisgemaakt brood met kaas en kruiden

Klaar in 40 minuten, waarvan 5 minuten actief

Ontdooi het brood de dag ervoor in de koelkast. Haal het 1 uur van tevoren uit de koelkast en leg er een theedoek over. Verwarm de oven voor tot 200 °C en bak het brood in 35-40 minuten bruin en knapperig. Het brood blijft 1-2 dagen heerlijk vers; na die tijd kun je het roosteren of in sneetjes invriezen. Dit brood is fantastisch, al dan niet met boter, voor bij een soep, een salade of met eieren. Of zelfs voor in de ochtend, voor wie van een hartig ontbijt houdt!

Week 02

TIMING

2 uur
IN DE KEUKEN

HERFST

Buiten het seizoen kun je pompoen vervangen door courgette; verkort dan wel de oventijd.

maandag

Roereieren, avocado's en aardappelkoeken

dinsdag

Pasta met kikkererwten en rozemarijn

woensdag

Geroosterde pompoen met burrata en pecannoten, groenelinzensalade

donderdag

Gebakken rijst met groene kool

vrijdag

Pompoenvelouté met croutons, amandelen en kaas

bonusrecept

Clafoutis met pruimen

TIP

Verwerk ook eens ander fruit in de clafoutis, zoals gedroogde abrikozen, (in boter) gebakken appelpartjes of diepvriesfruit.

GEEN LIEFHEBBER VAN

groene kool? Vervang hem dan door Chinese kool, die is zachter van smaak en iets sneller gaar.

Om te bewaren

3 zakjes
5 bewaardozen van circa 300 ml
5 bewaardozen van circa 750 ml
1 bewaardoos van circa 1,5 l

Keukengerei

1 ovenschaal
1 bakplaat
1 stoofpan
1 of 2 grote pannen
1 of 2 koeken- of hapjespannen
1 vierkante taartvorm van 15 x 15 cm of 20 x 20 cm
een keukenmachine of (staaf)mixer

DONDERDAG
DINSDAG
WOENSDAG
VRIJDAG
MAANDAG
BONUS

Week 02 de boodschappen

Fruit, groenten en kruiden

- ☐ 2 avocado's
- ☐ 1 Hokkaidopompoen of 2 kleintjes (circa 1,2 kg)
- ☐ 6 wortels
- ☐ ½ (of 1 kleine) groene kool
- ☐ 400 g aardappels
- ☐ 1 flinke krop sla van het seizoen
- ☐ 3 cm gemberwortel
- ☐ 3 zoete witte uien
- ☐ 2 sjalotten
- ☐ 6 teentjes knoflook
- ☐ 1 bosje koriander
- ☐ enkele takjes gedroogde tijm of oregano
- ☐ 1 bos bladpeterselie
- ☐ 2 stengels bleekselderij
- ☐ 1 takje rozemarijn
- ☐ 3 laurierblaadjes
- ☐ 2 takjes munt
- ☐ 2 citroenen

Diepvries

- ☐ 200 g diepvriesdoperwten

Vers

- ☐ 13 eieren
- ☐ 300 ml melk
- ☐ 300 g Griekse yoghurt
- ☐ 500 g burrata (of buffelmozzarella)
- ☐ 90 g boter
- ☐ 200 g tomme of andere kaas, voor bij de soep

Supermarkt

- ☐ 1 blik kikkererwten à 400 g (uitlekgewicht) (of 200 g gedroogde kikkererwten; laat ze een nacht van tevoren weken)
- ☐ 1 biologisch groentebouillonblokje (of 750 ml huisgemaakte bouillon)
- ☐ 80 g ongebrande, ongezouten pecannoten
- ☐ 150 g groene linzen
- ☐ 200 g rijst
- ☐ 150 g hele amandelen
- ☐ 250 g gedroogde pruimen zonder pit
- ☐ 200 g korte pasta (bijv. fusilli, orecchiette of conchigliette)

Bakker

- ☐ 10 sneetjes brood

Uit de voorraadkast

- ☐ 145 g bloem + extra om te bestuiven
- ☐ sojasaus
- ☐ chilivlokken of -poeder
- ☐ olijfolie
- ☐ neutrale olie
- ☐ rum
- ☐ nootmuskaat
- ☐ grove mosterd
- ☐ 35 g kristalsuiker
- ☐ zout, peper

Week 02

zondag

1. Voorbereidingen

20 minuten

Was de kruiden, dep ze droog en haal de blaadjes eraf. Berg de munt, de koriander en de helft van de peterselie op. **→ BAKJE → KOELKAST**
Hak de rozemarijnblaadjes fijn.
Pel de uien en 3 teentjes knoflook. Snijd de uien klein.
Schrap de wortels. Houd er 1 heel; snijd de rest in blokjes. Berg de helft van de wortelblokjes op, voor de rijst. **→ BAKJE → KOELKAST**
Was de bleekselderij, snijd de stengels in blokjes en meng ze met de andere helft van de wortelblokjes en de fijngesneden uien.
Borstel de aardappels schoon.
Was de pompoen, snijd hem doormidden, verwijder de zaadjes en snijd het vruchtvlees in plakken.
Was de kool en snijd hem in reepjes.
→ ZAKJE → KOELKAST
Spoel de linzen af.
Spoel de kikkererwten uit blik af en laat ze uitlekken (als je gedroogde kikkererwten gebruikt, die de nacht ervoor geweekt hebben: kook ze 1 uur op laag vuur in 3 keer de hoeveelheid water, zonder zout).
Was en droog de sla. **→ ZAKJE → KOELKAST**

2. Aardappelkoeken

20 minuten

Kook de aardappels mét schil in circa 30 minuten (afhankelijk van de grootte) in gezouten water gaar. Giet ze af, laat ze iets afkoelen en schil ze. Prak ze dan met 30 g boter, 100 g bloem en flink wat versgeraspte nootmuskaat tot een vrij stevig 'deeg'. Vorm er 4 deegbollen van en rol deze vervolgens uit tot schijven met een doorsnee van 15 cm en een dikte van 5-10 mm. Verwarm een klontje boter in een koekenpan met dikke bodem op middelhoog vuur en bak hierin de aardappelkoeken aan beide zijden goudbruin. Laat afkoelen. **→ ZAKJE OF BAKJE → KOELKAST**

3. Groenten voor de pasta

15 minuten

Laat de helft van het wortel-selderij-uienmengsel met 1 eetlepel olijfolie en een snufje zout 10 minuten in een grote pan smoren; laat de groenten nauwelijks bruin worden. Voeg de rozemarijn toe en roer alles 1 minuut goed door. Voeg dan 2 laurierblaadjes, flink wat fijn geraspte citroenschil en 750 ml water toe, en laat alles 10 minuten sudderen. Roer tot slot de kikkererwten erdoor. Laat afkoelen. **→ BAKJE → KOELKAST**

4. Pompoen en linzen + vinaigrette met citroen

20 minuten

DE POMPOEN Meng de helft van de pompoenplakken met 2 eetlepels olijfolie, 2 ongepelde geplette teentjes knoflook, wat gedroogde tijm of oregano en een beetje zout en peper. **➜ BAKJE ➜ KOELKAST**
DE LINZEN Kook de linzen samen met 1 wortel, 1 ongepeld teentje knoflook en 1 laurierblad circa 20 minuten in 3 keer de hoeveelheid water. Laat ze dan uitlekken en verwijder het 'groentegarnituur'. Laat de linzen afkoelen. **➜ BAKJE ➜ KOELKAST**
DE VINAIGRETTE Meng in een luchtdicht afsluitbaar potje 2 theelepels mosterd, 1 theelepel citroensap, een beetje geraspte citroenschil, zout, peper en 5 eetlepels olijfolie. Schud goed. **➜ KOELKAST**

5. Rijst

15 minuten

DE RIJST Kook de rijst in 1,5 keer de hoeveelheid water gaar: doe het water, de rijst en wat zout in een pan en breng alles aan de kook. Roer door, zet het vuur lager en leg het deksel op de pan. Laat de rijst in 11 minuten droogkoken. Roer de rijst met een vork goed door en laat hem onder een theedoek afkoelen. **➜ BAKJE ➜ KOELKAST**
DE SAUS VOOR DE RIJST Rasp de gember en 1 teentje knoflook boven een luchtdicht afsluitbaar potje en voeg 2 eetlepels sojasaus toe. Schud goed. **➜ KOELKAST**

6. Soep

15 minuten

DE SOEP Doe de rest van het wortel-selderij-uienmengsel in een (stoof)pan en laat het in 15 g boter smoren tot de groenten zacht zijn. Voeg dan de rest van de pompoen toe. Laat alles nog 2-3 minuten, al roerend, zachtjes bakken. Voeg dan het bouillonblokje toe en net zoveel water tot alles onderstaat. Laat de soep nog circa 20 minuten koken. Voeg de helft van de peterselie toe en pureer de soep. Laat afkoelen. **➜ BAKJE ➜ VRIEZER**
DE CROUTONS Snijd het brood in blokjes. Meng ze met 2 geraspte teentjes knoflook, 3 eetlepels olijfolie, zout en wat gedroogde tijm of oregano. **➜ BAKJE ➜ VRIEZER**
DE AMANDELEN Meng de amandelen met 1 eetlepel olijfolie en ½ theelepel zout. Verwarm de oven voor tot 180 °C. Verdeel de amandelen over een bakplaat, strooi er wat tijm over en rooster ze 10 minuten in de oven. **➜ POTJE ➜ VOORRAADKAST**

7. Clafoutis

15 minuten

Week de pruimen in rum. Beboter een kleine vierkante taartvorm. Verhoog de oventemperatuur naar 200 °C. Meng 300 ml melk, 150 g Griekse yoghurt, 45 g bloem, 4 eieren en 35 g suiker in een keukenmachine. Leg de pruimen in de vorm, schenk het beslag erover en zet 35-45 minuten in de oven. Laat afkoelen. **➜ PLASTICFOLIE ➜ KOELKAST**

Week 02 *maandag*

Roereieren, avocado's en aardappelkoeken

Klaar in 15 minuten, waarvan 15 minuten actief

DE AVOCADO'S Schil de avocado's, verwijder de pitten en prak het vruchtvlees fijn met het sap van ½ citroen (bewaar de rest voor dinsdag), 1 fijngehakte sjalot, koriander, zout en een mespunt chilivlokken.
DE ROEREIEREN Smelt 15 g boter in een koekenpan op heel laag vuur. Breek 8 eieren boven een kom en klop ze even los met een vork. Schenk het eiermengsel in de pan en bak het, al roerend, op heel laag vuur tot de eieren gestold maar niet volledig droog zijn. Je kunt ze ook au bain-marie klaarmaken als je bang bent om ze aan te laten bakken.
DE AARDAPPELKOEKEN Warm de koeken met een beetje boter in een andere koekenpan op en serveer alles tegelijk. Je kunt er nog wat sla bij geven, op smaak gebracht met een beetje van de vinaigrette.

Pasta met kikkererwten en rozemarijn

Klaar in 15 minuten, waarvan 5 minuten actief

Doe het kikkererwtenmengsel in een grote pan en voeg net zoveel water toe dat alles onderstaat. Breng het geheel aan de kook en voeg de pasta toe. Leg het deksel op de pan en laat alles op middelhoog vuur koken tot de pasta gaar is. Serveer met een scheutje olijfolie, een beetje geraspte kaas als je wilt (bewaar wat voor vrijdag), gehakte peterselie (bewaar wat voor woensdag) en geraspte citroenschil. Geef er een eenvoudige salade met wat vinaigrette bij.

Week 02 *Woensdag*

Geroosterde pompoen met burrata en pecannoten, groenelinzensalade

Klaar in 35 minuten, waarvan 10 minuten actief

DE PECANNOTEN Verwarm de oven voor tot 190 °C. Verdeel de pecannoten over een bakplaat en rooster ze 6-7 minuten boven in de oven.

DE POMPOEN Leg de pompoenplakken op een bakplaat of in een ovenschaal en rooster ze 20-25 minuten op 190 °C in de oven. Serveer ze warm met de burrata (sprenkel er een beetje olijfolie over) en bestrooi alles met de pecannoten.

DE GROENELINZENSALADE Breng de linzen op smaak met de vinaigrette, wat muntblaadjes, gehakte peterselie, 1 fijngesneden sjalot en wat slablaadjes. Serveer alles samen.

donderdag Week 02

Gebakken rijst met groene kool

Klaar in 10 minuten, waarvan 10 minuten actief

Verhit 1 eetlepel neutrale olie (of milde olijfolie) in een koekenpan. Voeg 1 ei toe en bak het, al roerend, op hoog vuur. Voeg dan de wortelblokjes, erwten en reepjes groene kool toe en roerbak alles 3-4 minuten. Voeg de rijst toe en roerbak alles nog 2 minuten. Voeg tot slot de saus toe en roer alles nog eens goed door. Bestrooi de rijst met korianderblaadjes en serveer.

VOOR VRIJDAG Haal de soep en croutons uit de vriezer en zet in de koelkast.

Week 02 vrijdag

Pompoenvelouté met croutons, amandelen en kaas

Klaar in 20 minuten, waarvan 10 minuten actief

DE CROUTONS Verwarm de oven voor tot 190 °C. Verdeel de croutons over een bakplaat en bak ze in circa 15 minuten goudbruin.

DE SOEP Warm ondertussen de soep op. Serveer de soep met croutons en een flinke lepel Griekse yoghurt. Geef de amandelen en kaas er apart bij.

Clafoutis met pruimen

Is al klaar

Clafoutis is 2-3 dagen houdbaar in de koelkast. Serveer de clafoutis lauwwarm of koud bij het ontbijt, bij de thee of als dessert.

Week 03

TIMING

2 uur
IN DE KEUKEN

HERFST

Buiten het seizoen kun je een quiche en salade bereiden met geroosterde courgette in plaats van pompoen en geroosterde of gebakken blokjes aubergine in plaats van aardperen.

maandag

Welsh rarebit en salade

dinsdag

Sobanoedels met geroosterde groenten en tofu

woensdag

Groentequiche

donderdag

Rijst en vegetarische curry met rode linzen

vrijdag

Groene soep, broodjes ei

bonusrecept

Bananenbrood

TIP

Sobanoedels zijn veelzijdige noedels van 100% boekweit. Je kunt ze warm eten of koud in een salade.

GEEN LIEFHEBBER VAN

aardperen? Vervang ze dan door aardappels (let op: deze moeten wel iets langer koken).

Om te bewaren

2 zakjes
3 bewaardozen van circa 300 ml
4 bewaardozen van circa 750 ml
1 bewaardoos van circa 1,5 l

Keukengerei

1 koekenpan
2 grote pannen
1 steelpan
1 ovenschaal
1 taart- of quichevorm
1 cakevorm of andere taartvorm
een (staaf)mixer

DINSDAG
VRIJDAG
DONDERDAG
MAANDAG
BONUS
WOENSDAG

Week 03

de boodschappen

Fruit, groenten en kruiden

- ☐ 1 flinke krop sla van het seizoen
- ☐ 400 g jonge bladgroenten (of een bos waterkers)
- ☐ 1 Hokkaidopompoen of andere soort (600 g)
- ☐ 6 aardperen
- ☐ 1 bosje dille
- ☐ 2 stronken broccoli
- ☐ 4 wortels
- ☐ 1 cm kurkumawortel (of een snufje gemalen kurkuma)
- ☐ 1 bos koriander
- ☐ 3 heel rijpe bananen
- ☐ 2 teentjes knoflook
- ☐ 1 citroen
- ☐ 2 (voorgegaarde) maiskolven
- ☐ 1 limoen

Vers

- ☐ 250 g cheddar of tomme
- ☐ 335 g boter (leg 30 minuten van tevoren 160 g boter in de vriezer; laat 150 g op kamertemperatuur komen) + extra om in te vetten
- ☐ 500 g Griekse yoghurt
- ☐ 9 eieren
- ☐ 200 g tofu met kruiden

Supermarkt

☐ 200 g sobanoedels
☐ 240 g langkorrelige witte rijst
☐ 1 biologisch groentebouillonblokje
☐ 100 ml kokosmelk
☐ 250 g rode linzen
☐ 180 g geroosterde hazelnoten
☐ 100 ml bruin of amberkleurig bier

Bakker

☐ 8 sneetjes boerenbrood (voor maandag en vrijdag)

Uit de voorraadkast

☐ olijfolie
☐ 1 eetlepel sojasaus
☐ grove mosterd
☐ 550 g bloem + extra om te bestuiven
☐ 160 g kristalsuiker
☐ neutrale olie (bijv. druivenpit-, koolzaad- of zonnebloemolie)
☐ 1 flinke theelepel natriumbicarbonaat
☐ ½ theelepel komijnzaad + ½ theelepel mosterdzaad + 10 fenegriekzaadjes + 10 peperkorrels (of een kant-en-klaar Indiaas specerijenmengsel, bijv. garam masala)
☐ nootmuskaat
☐ zout, peper

Week 03 zondag

1. Voorbereidingen

20 minuten

Leg 160 g boter in de vriezer.
Was de kruiden en snijbiet, en dep ze droog.
Haal de blaadjes van de kruiden. Berg een kwart van de koriander op. → **BAKJE → KOELKAST**
Berg de helft van de snijbiet op. → **ZAKJE → KOELKAST**
Was en droog de sla. → **ZAKJE → KOELKAST**
Schrap de wortels en schil de aardperen; snijd ze in plakjes.
Was de pompoen, snijd hem doormidden, verwijder de zaadjes en snijd het vruchtvlees in plakken. Snijd hiervan circa 200 g in blokjes.
Was de broccolistronken en verdeel ze in roosjes; snijd de stelen in stukjes.
Pel de knoflook.
Haal de maiskorrels van de kolven.
Spoel de linzen zorgvuldig af.

2. Curry

15 minuten

Doe 150 g rode linzen in een pan met 1 liter water, breng het geheel aan de kook en schuim het oppervlak af. Voeg de geraspte kurkuma en de helft van de (niet-opgeborgen) koriander toe. Laat alles op laag vuur, afgedekt, circa 1 uur koken tot de linzen uiteenvallen en het water geabsorbeerd is.
Verhit 1 eetlepel olijfolie in een koekenpan en bak hierin de helft van de wortel- en aardpeerplakjes, driekwart van de broccoliroosjes en de helft van de mais in 5 minuten goudbruin. Doe de groenten dan bij de linzen in de pan en laat alles nog 15 minuten koken. Laat afkoelen. → **BAKJE → KOELKAST**

3. Quichedeeg en vinaigrette

15 minuten

HET QUICHEDEEG Doe 200 g bloem in een kom en voeg een flinke snuf zout toe. Haal de boter uit de diepvries en rasp hem boven de bloem. Meng de boterkrullen met een mes door de bloem en voeg 80 ml water toe (bij voorkeur zeer koud, uit de koelkast). Kneed alles met koele handen snel tot een soepel deeg; voeg indien nodig nog wat meer water toe. Vorm dan een bal van het deeg, zonder het te veel te bewerken. → **PLASTICFOLIE OF ZAKJE → KOELKAST**
DE VINAIGRETTE Meng in een luchtdicht afsluitbaar potje 2 theelepels mosterd, 1 eetlepel citroensap, een beetje geraspte citroenschil, een beetje geraspte knoflook, zout, peper en 3 eetlepels olijfolie. Schud goed. → **KOELKAST**

4. Welsh rarebit

10 minuten

Rasp de kaas en meng hem met 100 ml bier, 1 volle eetlepel mosterd, 10 g boter en flink wat peper. → **BAKJE → KOELKAST**

5. Sobanoedels

15 minuten

DE NOEDELS Kook de sobanoedels volgens de aanwijzingen op de verpakking (circa 4 minuten, maar dit kan per merk verschillen). Laat ze uitlekken en spoel ze nog even na met koud water. **→ BAKJE → KOELKAST**
DE VINAIGRETTE Meng in een luchtdicht afsluitbaar potje 2 eetlepels olijfolie met een beetje geraspte knoflook, 1 eetlepel sojasaus en 2 theelepels limoensap. Schud goed. **→ KOELKAST**
DE GEROOSTERDE GROENTEN Verwarm de oven voor tot 190 °C. Meng de pompoenplakken en de rest van de aardpeerblokjes in een ovenschaal met 2 eetlepels olijfolie, zout, peper en 2 teentjes geraspte knoflook (inclusief het 'aangebroken' teentje voor de vinaigrette). Zet alles circa 25 minuten in de oven. Laat afkoelen. **→ BAKJE → KOELKAST**

6. Soep

15 minuten

Doe de in stukjes gesneden broccolistelen, de resterende linzen en de helft van de resterende wortels samen met het bouillonblokje in een grote pan en voeg zoveel water toe dat alles net onderstaat. Laat het geheel 20 minuten koken. Voeg dan de helft van de snijbiet, de rest van de (niet-opgeborgen) koriander en de helft van de dille toe, en laat alles nog 5 minuten koken. Pureer de soep met de kokosmelk en eventueel wat zout. Laat afkoelen. **→ BAKJE → VRIEZER**

7. Quiche

15 minuten

HET DEEG Bekleed een vorm met een doorsnee van 26 cm met het quichedeeg. **→ PLASTICFOLIE → VRIEZER**
DE GROENTEN Breng een pan met water en wat zout aan de kook. Voeg de rest van de wortels toe en, na 5 minuten, de rest van de broccoliroosjes en de pompoenblokjes. Laat alles nog 5 minuten koken. Laat dan uitlekken en afkoelen; voeg de rest van de mais en de rest van de (gehakte) dille toe. **→ BAKJE → KOELKAST**

8. Bananenbrood

15 minuten

Verwarm de oven voor tot 180 °C. Klop 150 g zachte boter en 160 g kristalsuiker tot een schuimig mengsel. Roer er dan een voor een 3 eieren door, gevolgd door de fijngeprakte bananen, 100 g Griekse yoghurt en 1 eetlepel water. Voeg vervolgens 350 g bloem toe vermengd met 1 volle theelepel zuiveringszout en een flinke snuf zout. Roer er tot slot 100 g hele of gehakte hazelnoten door. Doe het beslag in een beboterde cakevorm en bak het in 40-45 minuten gaar en bruin: het lemmet van een mes moet er schoon uit komen.

Week 03 *maandag*

Welsh rarebit en salade

Klaar in 15 minuten, waarvan 5 minuten actief

Verwarm de oven voor op de grillstand. Doe het kaasmengsel in een steelpan en laat het, al roerend, op laag vuur smelten. Rooster 4 sneetjes brood, leg ze in een ovenschaal of op een bakplaat en bestrijk ze met het mengsel. Laat de kaas 8-10 minuten gratineren onder de hete grill. Serveer met de helft van de sla en de helft van de vinaigrette.

Sobanoedels met geroosterde groenten en tofu

Klaar in 10 minuten, waarvan 10 minuten actief

Doe de noedels in een kom en breng ze op smaak met een deel van de saus, om ze een beetje los te maken. Roer alles goed door. Warm de groenten ondertussen 5 minuten op in de oven of in een koekenpan. Meng de snijbiet door de noedels. Snijd de tofu in stukjes en schep ze samen met de opgewarmde groenten en 80 g hazelnoten door de noedels. Voeg zo nodig nog wat saus toe.

VOOR WOENSDAG Haal het quichedeeg uit de vriezer en zet in de koelkast.

Week 03 Woensdag

Groentequiche

Klaar in 40 minuten, waarvan 5 minuten actief

Verwarm de oven voor tot 180 °C. Haal de taartbodem uit de koelkast en bak hem 15 minuten blind (zonder vulling). Klop 2 eieren los met 300 g Griekse yoghurt, een beetje nootmuskaat en zout en peper. Verdeel de groenten over de quichebodem en schenk het eiermengsel eroverheen. Zet de quiche dan nog 15 minuten in de oven. Serveer met de rest van de salade en vinaigrette.

Rijst en vegetarische curry met rode linzen

Klaar in 20 minuten, waarvan 10 minuten actief

Kook de rijst volgens de aanwijzingen op de verpakking. Warm de curry (linzen en groenten) op. Verhit 3 eetlepels neutrale olie in een koekenpan en bak hierin het Indiase specerijenmengsel tot het begint te knisperen en geuren (let op: dit gaat heel snel; laat het niet aanbranden). Verdeel de specerijen over de curry en strooi er nog wat koriander (bewaar een deel voor vrijdag) over. Serveer de curry met de rijst en wat Griekse yoghurt.
VOOR VRIJDAG Haal de soep uit de vriezer en zet in de koelkast.

Week 03 *vrijdag*

Groene soep, broodjes ei

Klaar in 15 minuten, waarvan 5 minuten actief

Warm de soep op. Kook 4 eieren halfzacht: 7-8 minuten. Pel ze en prak ze fijn (of pureer ze) met 15 g boter en een beetje gehakte koriander. Besmeer er 4 sneetjes brood mee. Serveer met de soep.

Bananenbrood

Is al klaar

Dit brood blijft enkele dagen heerlijk vers. Serveer het als ontbijt. Je kunt eventueel ook nog 150 g gehakte pure of melkchocolade toevoegen aan het deeg – als je daarvan houdt.

Week 04

maandag
Geroosterde wortelgroenten
met een romige saus

dinsdag
Gratin van cannelloni
met boerenkool en verse kaas

woensdag
Groene omelet met een wintersalade
van linzen en noten

donderdag
Bloemkool op z'n Indiaas met rijst

vrijdag
Italiaanse soep met granen

bonusrecept
Smoothie voor extra energie

TIMING

2 uur
IN DE KEUKEN

WINTER

Je kunt voor de cannelloni elke bladgroente van het seizoen gebruiken; buiten het seizoen kun je de echte winter-wortelgroenten vervangen door bospeen en meiraapjes.

TIP

Door granen toe te voegen krijg je een stevigere soep; een tussengerecht tussen een stoofpot en een soep in.

GEEN LIEFHEBBER VAN

boerenkool? (Of kun je deze groente niet krijgen?) Vervang hem dan door groene kool.

Om te bewaren

1 zakje
6 bewaardozen van circa 300 ml
3 bewaardozen van circa 750 ml
1 bewaardoos van circa 1,5 l

Keukengerei

1 ovenschaal
1 stoofpan
1 of 2 grote pannen
1 koeken- of hapjespan
een keukenmachine of (staaf)mixer

WOENSDAG
VRIJDAG
MAANDAG
DONDERDAG
DINSDAG

Week 04

de boodschappen

Fruit, groenten en kruiden

- ☐ 2 middelgrote zoete aardappels
- ☐ 2 schorseneren of pastinaken
- ☐ 500 g boerenkool of ½ groene kool
- ☐ 2 of 3 stronkjes witlof of 1 krop frisee of 250 g veldsla
- ☐ 1 bloemkool
- ☐ 2 stronken snijbiet of paksoi
- ☐ 5 wortels (met loof)
- ☐ 1 stengel bleekselderij
- ☐ 1 rode ui
- ☐ 1 takje rozemarijn, 1 laurierblad, gedroogde oregano of tijm (een van de vier of alle vier)
- ☐ 1 cm kurkumawortel (of een snufje gemalen kurkuma)
- ☐ 1 chilipepertje
- ☐ 1 bosje bladpeterselie
- ☐ 1 bosje koriander
- ☐ 5 teentjes knoflook
- ☐ 2 cm gemberwortel
- ☐ 1 citroen
- ☐ 2 bananen
- ☐ 10 walnoten
- ☐ 1 sinaasappel

Diepvries

- ☐ 150 g diepvriesframbozen

Vers

- ☐ 300 g Griekse yoghurt
- ☐ 8 eieren
- ☐ 150 g mozzarella
- ☐ 200 ml melk
- ☐ 150 g feta
- ☐ 250 g verse zachte kaas (geiten-, koeien- of schapenkaas)

Supermarkt

- ▢ 1 eetlepel pindakaas
- ▢ 150 g groene linzen
- ▢ 16 cannelloni
- ▢ 2 eetlepels pijnboompitten
- ▢ 1 eetlepel gojibessen
- ▢ 240 g langkorrelige (half-) volkoren rijst
- ▢ 1 blik witte bonen à 500 g (uitlekgewicht) (of 200 g gedroogde witte bonen; laat ze een nacht van tevoren weken en kook ze daarna in 1,5 uur gaar)
- ▢ 400 ml gezeefde tomaten (passata)
- ▢ 50 g spelt of parelgerst, of een granenmelange naar keuze
- ▢ 2 eetlepels kleine havervlokken (optioneel)

Uit de voorraadkast

- ▢ olijfolie
- ▢ neutrale olie (bijv. druivenpit-, koolzaad- of zonnebloemolie)
- ▢ 1 eetlepel Indiaas specerijenmengsel (bijv. garam masala)
- ▢ grove mosterd
- ▢ zout, peper

Week 04 zondag

1. Voorbereidingen

25 minuten

Snijd de snijbiet in reepjes. Blancheer ze 3 minuten in gezouten kokend water. Laat ze uitlekken en afkoelen. Berg twee derde op.
→ BAKJE → KOELKAST
Was en droog de witlof of sla.
→ ZAKJE → KOELKAST
Was de kruiden, dep ze droog en haal de blaadjes eraf. Berg de helft van de peterselie en een kwart van de koriander op. **→ BAKJE → KOELKAST**
Was de boerenkool.
Pel 4 teentjes knoflook en de ui. Hak de ui fijn. Hak het chilipepertje fijn en verwijder eventueel de zaadjes.
Borstel de zoete aardappels goed schoon. Schil de schorseneren of pastinaken.
Schrap de wortels en snijd er 4 in plakjes; houd er 1 heel. Heb je wortels met loof? Verwijder dan eventueel beschadigd of geel blad en hak het groene loof fijn.
Was de bleekselderij en hak hem fijn.
Was de bloemkool en verdeel hem in roosjes. Berg 2 eetlepels roosjes op. **→ BAKJE → KOELKAST** Snijd de stengel van de bloemkool in plakjes.
Kraak en pel de walnoten. Berg ze op. **→ BAKJE → VOORRAADKAST**
Spoel de linzen zorgvuldig af.

2. Vinaigrette, romige saus, linzen

20 minuten

DE VINAIGRETTE Meng in een luchtdicht afsluitbaar potje 1 mespunt mosterd, 1 theelepel citroensap, een beetje geraspte citroenschil, 1 eetlepel olijfolie, zout en peper. Schud goed. **→ KOELKAST**
ROMIGE SAUS Meng in een keukenmachine 2 eetlepels citroensap, 2 eetlepels sinaasappelsap, 2 eetlepels olijfolie, ½ theelepel mosterd, 1 eetlepel pindakaas, 1 eetlepel Griekse yoghurt, 15 g feta en 2 eetlepels korianderblaadjes. **→ POTJE → KOELKAST**
DE LINZEN Kook de linzen samen met 1 wortel, 1 ongepeld teentje knoflook, 1 laurierblad en wat tijm of rozemarijn circa 20 minuten in 3 keer de hoeveelheid water. Laat ze dan uitlekken en verwijder het 'groentegarnituur'. Laat de linzen afkoelen en berg ze in 2 porties van een derde en twee derde op. **→ BAKJES → KOELKAST**

3. Gratin en wortelgroenten

20 minuten

DE GRATIN Verwarm de oven voor tot 180 °C. Kook de cannelloni in 5 minuten gaar. Dompel de boerenkoolblaadjes 2 minuten onder in kokend water. Giet ze af. Leg een handje opzij en meng de rest met 200 g verse kaas, 100 g witte bonen, 1 geraspt teentje knoflook, ½ theelepel olijfolie en 2 theelepels gehakte peterselie in een keukenmachine. Vet een ovenschaal in en vul de cannelloni met het mengsel. Verdeel het handje boerenkoolbladeren (je kunt ze ook vullen als er nog een restje van het mengsel over is) en de gojibessen ertussen. Snijd de mozzarella in plakken en leg ze erop. Zet alles 30 minuten in de oven. Laat afkoelen.
→ PLASTICFOLIE → KOELKAST
DE WORTELGROENTEN Bestrijk de zoete aardappels en de schorseneren of pastinaken met 2 eetlepels olijfolie en bestrooi ze met zout en peper.
→ BAKJE → KOELKAST

4. Bloemkool

20 minuten

Rasp de gember (bewaar eventueel een klein beetje voor de smoothie) en kurkuma fijn (tot een soort pasta). Voeg 2 eetlepels water toe als je geen fijne rasp hebt. Verhit 4 eetlepels neutrale olie in een koekenpan op middelhoog vuur. Bak de gember en kurkuma, al roerend, en voeg na 2 minuten de rest van de koriander en de helft van de gehakte of verkruimelde chilipeper toe. Blijf nog 2 minuten roeren en voeg dan de bloemkool toe (roosjes én stengels). Bak alles nog 5 minuten, al roerend. Voeg dan 1 eetlepel Indiaas specerijenmengsel, 1 eetlepel citroensap, zout en 3 eetlepels water toe. Leg het deksel op de pan en laat alles dan nog 35-45 minuten op laag vuur sudderen; roer regelmatig. Voeg op het laatst twee derde van de apart gehouden snijbiet toe. Laat afkoelen. → **BAKJE** → **KOELKAST**

5. Soep

25 minuten

Kook de spelt of parelgerst: hij moet goed gaar zijn (in plaats van al dente); laat uitlekken. Smoor de ui, bleekselderij, gesneden wortels en hun loof 20 minuten in 2 eetlepels olie op middelhoog vuur. Voeg 3 geraspte teentjes knoflook toe en roer alles goed door. Voeg de resterende chilipeper, oregano (of laurierblad of tijm of rozemarijn), de gezeefde tomaten, 150 ml water en de resterende witte bonen toe. Roer goed en laat alles dan 5 minuten sudderen. Voeg de rest van de snijbiet en wat zout en peper toe. Roer goed en laat alles dan nog 10 minuten sudderen. Neem nu 2 grote pollepels soep uit de pan en pureer ze met de gekookte granen. Doe alles weer terug in de pan en laat afkoelen. → **BAKJE** → **VRIEZER**

Week 04 *maandag*

Geroosterde wortelgroenten met een romige saus

Klaar in 1 uur, waarvan 10 minuten actief

Verwarm de oven voor tot 190 °C. Leg de groenten in een ovenschaal en zet ze 35-40 minuten in de oven, tot ze zacht zijn (dit hangt van de grootte af). Rooster ondertussen de pijnboompitten in een droge koekenpan. Verdeel de groenten uit de oven over 4 borden. Sprenkel de romige saus erover, bestrooi ze met feta (bewaar een deel voor vrijdag), de kleine portie linzen, pijnboompitten, (rauwe) bloemkoolroosjes, een paar blaadjes witlof (of andere sla) en koriander (bewaar wat voor donderdag).

Gratin van cannelloni met boerenkool en verse kaas

Klaar in 15 minuten, waarvan 5 minuten actief

Warm de gratin in circa 15 minuten op in een tot 170 °C voorverwarmde oven. Serveer.

Groene omelet met een wintersalade van linzen en noten

Klaar in 10 minuten, waarvan 10 minuten actief

DE OMELET Verhit 1 eetlepel olijfolie in een koekenpan en bak hierin de snijbiet, al roerend, 5 minuten. Breek de eieren boven een kom en klop ze even los, om de dooiers te breken. Schenk het eiermengsel in de pan, voeg naar smaak zout en peper toe, en verdeel er 50 g verse kaas over. Bak deze groene omelet net als een klassieke omelet.

DE SALADE MET LINZEN EN NOTEN Meng de resterende linzen met witlof of andere sla en breng het geheel op smaak met vinaigrette. Strooi er tot slot nog wat gehakte peterselie en walnoten over.

Bloemkool op z'n Indiaas met rijst

Klaar in 15 minuten, waarvan 5 minuten actief

DE RIJST Kook de rijst in 1,5 keer de hoeveelheid gezouten water in 11 minuten gaar, in een pan met een goed sluitend deksel. Het water moet volledig geabsorbeerd worden. Laat de rijst dan nog 5 minuten rusten onder een theedoek.
DE BLOEMKOOL Warm de bloemkool op en serveer hem met de rijst. Bestrooi alles met wat korianderblaadjes en geef er – als je ervan houdt – een flinke lepel Griekse yoghurt bij.
VOOR VRIJDAG Haal de soep uit de vriezer en zet in de koelkast.

Week 04 vrijdag

Italiaanse soep met granen

Klaar in 10 minuten, waarvan 5 minuten actief

Warm de soep op. Voeg nog een scheutje olijfolie, wat verkruimelde feta en fijngehakte peterselie en/of koriander toe. Serveer.

Smoothie voor extra energie

Klaar in 5 minuten, waarvan 5 minuten actief

Meng alle ingrediënten pas op het laatste moment in een keukenmachine: 250 g Griekse yoghurt, 200 ml melk, de frambozen en bananen. Als je wilt, kun je nog een mespuntje versgeraspte gember toevoegen. Voor een iets stevigere smoothie meng je er nog 2 eetlepels havermout door. Deze smoothie is heerlijk als ontbijt (of als gezond tussendoortje).

Week 05

TIMING

2 uur
IN DE KEUKEN

WINTER
Buiten het seizoen kun je de bietjes vervangen door wortels: rooster ze 30 minuten in de oven.

maandag
Chakchouka, brood en salade

dinsdag
Geroosterde rode bietjes met feta en sinaasappel, linzen

woensdag
Vegetarische penne bolognese

donderdag
Spinazie-linzenrijst met kruiden en yoghurt

vrijdag
Bouillon met champignons en miso, briks met groenten

bonusrecept
Carrot cake

TIP
Fijn geraspte bloemkool - hier gebruikt in een saus voor de pasta - heeft een interessante textuur en kan bijvoorbeeld in een tabouleh als vervanger van bulgur gebruikt worden.

GEEN LIEFHEBBER VAN paprika's? Laat ze dan weg of vervang ze door artisjokken in olie - en geef daarmee een originele draai aan de chakchouka.

Om te bewaren
1 zakje
7 bewaardozen van circa 300 ml
7 bewaardozen van circa 750 ml
1 bewaardoos van circa 1,5 l

Keukengerei
1 bakplaat
1 cakevorm
2 grote (stoof)pannen
1 of 2 koeken- of hapjespannen
een keukenmachine of mixer

MAANDAG
VRIJDAG
DINSDAG
DONDERDAG
WOENSDAG
BONUS

Week 05 de boodschappen

Fruit, groenten en kruiden

- ☐ 8 kleine of 4 middelgrote rode bieten, bij voorkeur in een bosje (met loof)
- ☐ 500 g champignons
- ☐ 1 bloemkool
- ☐ 10 wortels
- ☐ 1 flinke krop sla van het seizoen
- ☐ 1 chilipepertje (of chilivlokken of -poeder)
- ☐ 4 cm gemberwortel
- ☐ 1 takje rozemarijn
- ☐ 1 bosje bladpeterselie
- ☐ 1,5 cm kurkumawortel
- ☐ 9 teentjes knoflook
- ☐ 10 sjalotten
- ☐ 1 bosje munt
- ☐ 1 citroen
- ☐ 2 sinaasappels (liefst bloedsinaasappels)

Diepvries

- ☐ 600 g diepvriesspinazie

Vers

- ☐ 200 g feta
- ☐ 450 g Griekse yoghurt
- ☐ 40 g Parmezaanse kaas
- ☐ 155 g boter
- ☐ 9 eieren
- ☐ 125 g zuivelspread
- ☐ 1 pakje brikvellen

Supermarkt

- ☐ 1 pot gemarineerde paprika's (250 g uitlekgewicht)
- ☐ 1 blik kerstomaatjes à 400 g (of gewone tomaten)
- ☐ 200 g zwarte Beluga-linzen of groene Puy-linzen
- ☐ 60 g bulgur
- ☐ 500 g penne (of andere korte pasta, bijv. fusilli, pipe of orecchiette)
- ☐ 2 volle eetlepels tomatenpuree
- ☐ 150 g half-volkoren rijst
- ☐ 2 eetlepels rode miso (biologische of Aziatische supermarkt)
- ☐ 100 g geraspt kokos + extra om bij de rijst te serveren
- ☐ 75 g walnoten

Bakker

- ☐ 1 brood, voor bij de chakchouka (maandag)

Uit de voorraadkast

- ☐ olijfolie
- ☐ neutrale olie (bijv. druivenpit-, koolzaad- of zonnebloemolie)
- ☐ 1½ tl bakpoeder
- ☐ 400 g bruine suiker
- ☐ 175 g poedersuiker
- ☐ 240 g bloem
- ☐ 1½ theelepel korianderzaad
- ☐ 1 theelepel kaneel of quatre épices (Frans specerijenmengsel)
- ☐ 2 eetlepels pompoenpitten (liefst geroosterd)
- ☐ 1½ theelepel komijnzaad
- ☐ zout, peper

Week 05 zondag

1. Voorbereidingen

20 minuten

Was de kruiden en dep ze droog. Haal de blaadjes van de munt en peterselie. Berg ze op; houd een handje peterselieblaadjes apart. **→ BAKJE → KOELKAST**
Borstel de wortels onder de kraan schoon of schrap ze. Snijd de helft van de wortels in blokjes en rasp de andere helft fijn.
Borstel de bietjes onder de kraan schoon. Snijd het loof eraf en was de blaadjes (verwijder eventueel beschadigd blad).
Was de bloemkool en snijd hem in roosjes. Leg een derde ervan apart en hak de rest fijn met een mes of keukenmachine - ter grootte van bulgurkorrels.
Hak het chilipepertje fijn en verwijder de zaadjes.
Hak de rozemarijnblaadjes fijn.
Was en droog de sla. **→ ZAKJE → KOELKAST**
Pel de sjalotten en knoflook. Hak 9 sjalotten fijn en snijd de laatste in dunne plakjes.
Veeg de champignons schoon, haal het onderste deel van het steeltje eraf en snijd er 3-4 in plakjes. Hak de rest fijn (eventueel met een keukenmachine).
Spoel de linzen zorgvuldig af.

2. Rode bieten

20 minuten

DE GEROOSTERDE BIETEN Verwarm de oven voor tot 190 °C. Meng de bieten met 1 eetlepel olijfolie. Wikkel ze losjes in een stuk aluminiumfolie en zet ze 45 minuten tot 1 uur in de oven (dit hangt van de grootte van de bieten af): ze moeten zo zacht zijn dat je er met de punt van een mes gemakkelijk in kunt prikken. Voeg de laatste 10 minuten van de baktijd de bietenbladeren toe, op smaak gebracht met zout, peper en een beetje olijfolie; leg ze op een stuk bakpapier of in een ovenschaaltje. Haal de bieten uit de folie. Laat ze samen met de bladeren afkoelen. **→ BAKJE → KOELKAST**
DE FETASAUS Meng 60 g feta, 150 g Griekse yoghurt, een handje peterselieblaadjes, 1 eetlepel olijfolie en wat peper in een keukenmachine. **→ BAKJE → KOELKAST**
DE SINAASAPPELSAUS Meng 1 eetlepel olijfolie, 1 theelepel korianderzaad, 2 eetlepels sinaasappelsap en wat zout en peper. **→ BAKJE → KOELKAST**
DE LINZEN Kook de linzen circa 20 minuten in 3 keer de hoeveelheid water. Laat ze dan uitlekken en afkoelen. **→ BAKJE → KOELKAST**
DE BULGUR Kook de bulgur 3 minuten in 1 keer de hoeveelheid gezouten water. Laat afkoelen. **→ BAKJE → KOELKAST**

3. Chakchouka-saus

15 minuten

HET SJALOT-KNOFLOOK-SPECERIJENMENGSEL Kneus 1 theelepel komijnzaad en 1 theelepel korianderzaad op een snijplank, met behulp van de bodem van een zware steelpan (of met een stamper en vijzel, als je die hebt, natuurlijk). Rasp 2 teentjes knoflook. Snijd 2 andere teentjes knoflook in heel dunne plakjes. Laat de paprika's uitlekken en hak ze grof. Verhit 4 eetlepels olijfolie in een koekenpan op middelhoog vuur. Voeg de in plakjes gesneden sjalot, 2 teentjes gesneden knoflook en de gekneusde specerijen toe. Bak het mengsel, al roerend, licht goudbruin en krokant (let op dat je het niet laat aanbranden). Stort het sjalot-knoflook-specerijenmengsel dan in een zeef boven een kom, vang de olie op en laat het sjalot-knoflook-specerijenmengsel vervolgens op keukenpapier uitlekken; strooi er nog wat zout over. Laat afkoelen. **→ BAKJE → KOELKAST**
HET GROENTEMENGSEL Doe de uitgelekte olie (uit de kom) terug in de pan en zet het vuur middelzacht. Bak hierin 1 fijngehakte sjalot 5 minuten en voeg dan, al roerend, de geraspte knoflook, de paprika's en de tomaten toe (verdeel die laatste in de pan in stukjes). Breng het geheel op smaak met zout en peper, en laat het nog 10-15 minuten zachtjes bakken, tot het mengsel wat indikt. Laat afkoelen. **→ BAKJE → KOELKAST**

4 Vegetarische bolognesesaus

20 minuten

Verwarm 2 eetlepels olijfolie en 20 g boter in een koekenpan op middelhoog vuur. Bak hierin de helft van de gehakte champignons in circa 5 minuten lichtbruin en zacht. Voeg dan 1 eetlepel extra olie en 2 fijngehakte sjalotten toe en bak ze in circa 5 minuten zacht. Voeg vervolgens 4 geraspte teentjes knoflook, de rozemarijn en chilipeper toe en laat alles, al roerend, 1 minuut zachtjes bakken. Voeg dan 2 volle eetlepels tomatenpuree toe en bak alles nog eens 2 minuten. Schep de fijngehakte bloemkool door de saus en laat alles nog circa 5 minuten koken, onder af en toe roeren, tot de bloemkool lichtjes begint 'aan te koeken'. Laat afkoelen. → **BAKJE** → **KOELKAST**

5. Bouillon, briks en groenten voor de rijst

20 minuten

DE GROENTEN VOOR DE BOUILLON EN VOOR DE RIJST Verhit 2 eetlepels olijfolie in een grote pan en bak hierin de wortelblokjes, de resterende champignons (fijngehakt en in plakjes) en de resterende fijngehakte sjalotten in 6-7 minuten lichtbruin. Voeg 1 teentje geraspte knoflook en de geraspte gember en kurkuma toe; roer alles goed door. Haal een derde van dit mengsel uit de pan voor de rijst.

DE BOUILLON Voeg 2 eetlepels miso en 800 ml water toe aan de pan; roer goed. Breng het geheel tegen de kook aan en laat het 20 minuten sudderen. Voeg de bloemkoolroosjes toe en laat alles nog 10 minuten zachtjes koken. Schep er tot slot 200 g spinazie door en laat alles nog 5 minuten zachtjes koken. Zeef het mengsel en laat de bouillon afkoelen. → **BAKJE** → **VRIEZER**

DE BRIKS Prak de groenten uit de bouillon (zie hierboven) fijn met een vork en breng ze op smaak met zout en peper. Maak de 'briks' (16-20 in totaal): bestrijk de vellen met olijfolie en snijd ze doormidden. Vouw elke helft in de lengte doormidden, leg een lepel van het groentemengsel aan één kant, op 2 cm van de rand, en vouw het vel dan diagonaal over de vulling dicht. Leg het 'pakketje' op een bakplaat. Bak de briks 20 minuten in de oven op 180 °C. Laat afkoelen. → **BAKJE** → **VRIEZER**

6. Groenten voor de rijst (vervolg)

5 minuten

Laat het sjalot-champignon-wortelmengsel afkoelen (zie hierboven) en roer er nog ½ theelepel korianderzaad en ½ theelepel komijnzaad door. → **BAKJE** → **KOELKAST**

7. Carrot cake

20 minuten

DE CARROT CAKE Verwarm de oven voor tot 160 °C. Meng 240 g bloem, 1½ theelepel bakpoeder, 30 g neutrale olie, 1 theelepel kaneel (of quatre épices), 1 theelepel zout, 75 g geraspt kokos, 75 g (gepelde) walnoten, de geraspte wortels, 2 hele eieren en 1 dooier. Klop 3 eiwitten tot zachte pieken (er blijven dus nog 2 eidooiers over, voor een ander gebruik) en spatel ze voorzichtig door het beslag. Klop tot slot de bruine suiker erdoor om alles wat steviger te maken. Schenk het beslag in een cakevorm en bak het circa 1 uur in de oven: bedek de bovenkant met aluminiumfolie als de taart te snel bruin wordt.

HET GLAZUUR Haal 100 g boter van tevoren al uit de koelkast. Klop hem met de poedersuiker luchtig en voeg dan de zuivelspread toe. Bewaar het glazuur in de koelkast tot het tijd is om de cake ermee te versieren. → **BAKJE** → **KOELKAST**

Week 05 *maandag*

Chakchouka, brood en salade

Klaar in 15 minuten, waarvan 10 minuten actief

Warm het groentemengsel voor de chakchouka-saus op in een koekenpan. Maak er 4 kuiltjes in en breek er 4 eieren boven. Leg het deksel op de pan en laat alles 8-10 minuten sudderen, tot het eiwit gestold is. Voeg naar smaak nog wat zout en peper toe en bestrooi alles met 80 g feta en wat muntblaadjes. Verdeel dan het sjalot-knoflook-specerijenmengsel erover en voeg naar keuze nog wat dotjes Griekse yoghurt toe. Serveer met brood en een salade die je op smaak brengt met olijfolie en citroensap.

dinsdag Week 05

Geroosterde rode bietjes met feta en sinaasappel, linzen

Klaar in 15 minuten, waarvan 10 minuten actief

Warm de bietjes circa 10 minuten op in de oven op 160 °C.
Verdeel een kwart van de linzen en de bulgur over een serveerschaal en sprenkel er wat van de sinaasappelsaus over. Verwijder van 1 sinaasappel met een scherp mesje de schil en de buitenste witte velletjes en snijd het vruchtvlees tussen de vliezen uit. Snijd de warme bieten in plakjes en leg ze samen met de sinaasappelpartjes boven op het linzen-bulgurmengsel. Bestrooi alles tot slot met pompoenpitten, peterselieblaadjes en 60 g verkruimelde feta. Serveer en geef de fetasaus en sinaasappelsaus er apart bij.

Vegetarische penne bolognese

Klaar in 15 minuten, waarvan 10 minuten actief

Warm de vegetarische bolognesesaus op. Kook de pasta volgens de aanwijzingen op de verpakking. Voeg 20 g boter en 20 g geraspte Parmezaanse kaas toe aan de saus. Laat de pasta zodra die gaar is uitlekken en roer hem, met 120 ml van het kookwater, door de saus. Laat alles nog circa 3 minuten zachtjes koken en voeg nog wat zout en geraspte citroenschil toe. Bestrooi voor serveren met de resterende Parmezaanse kaas en fijngehakte peterselie.

Spinazie-linzenrijst met kruiden en yoghurt

Klaar in 15 minuten, waarvan 10 minuten actief

Warm het groente-specerijenmengsel op. Voeg de rijst toe met 1,5 keer de hoeveelheid water. Roer goed en laat alles 11 minuten koken. Warm ondertussen de resterende linzen, de resterende 400 g spinazie en 15 g boter op. Rooster in een koekenpan de resterende 25 g kokos (let op: dit brandt heel snel aan); giet het op een bord zodra het goudkleurig is. Roer als de rijst gaar is alles nog eens goed door. Serveer met munt, gehakte peterselie, geraspt kokos en Griekse yoghurt.

VOOR VRIJDAG Haal de bouillon en briks uit de vriezer en zet in de koelkast.

Week 05 *vrijdag*

Bouillon met champignons en miso, briks met groenten

Klaar in 15 minuten, waarvan 5 minuten actief

DE BRIKS Warm de briks in circa 10 minuten op in een tot 160 °C voorverwarmde oven.
DE BOUILLON Warm de bouillon op. Voeg naar smaak nog wat fijngehakte peterselie toe, als je nog wat over hebt. Serveer de briks bij de bouillon.

Carrot cake

Klaar in 10 minuten, waarvan 10 minuten actief

Strijk het glazuur over de bovenkant van de cake, of voor een nog leuker effect: snijd de cake horizontaal doormidden en breng ook een laag glazuur in het midden aan.

Week 06

maandag
Mont d'Or
met aardappels, salade

dinsdag
Salade van geroosterde groenten en bulgur

woensdag
Lasagne met ricotta en spinazie

donderdag
Couscous
met wintergroenten

vrijdag
Knolselderijsoep, broodjes
met peer en gorgonzola

bonusrecept
Havermoutpap
en pittige Indiase kruidenthee (chai)

TIMING

1 uur 50
IN DE KEUKEN

WINTER

Gebruik buiten het seizoen primeurgroenten, zoals wortel, meiraapjes en courgette, in de couscous of in geroosterde vorm in een salade.

TIP

Je kunt andere gekookte groenten aan de lasagne toevoegen, of bijvoorbeeld een 'tussenlaagje' van gekookte en gepureerde groene linzen om het gerecht eiwitrijker te maken.

GEEN LIEFHEBBER VAN

gorgonzola? Vervang hem door tomme de brebis (schapenkaas).

Om te bewaren

1 zakje
7 bewaardozen van circa 300 ml
4 bewaardozen van circa 750 ml
4 bewaardozen van circa 1,5 l

Keukengerei

1 bakplaat
1 of 2 ovenschalen
2 grote (stoof)pannen
1 koeken- of hapjespan
een keukenmachine of (staaf)mixer

BONUS
DONDERDAG
MAANDAG
DINSDAG
VRIJDAG
WOENSDAG

Week 06

de boodschappen

Fruit, groenten en kruiden

- [ ] 1 prei
- [ ] 5 wortels
- [ ] 1 grote knolselderij of 3 kleintjes
- [ ] 1 flinke krop sla van het seizoen (andijvie, frisee of gemengde wintersla)
- [ ] 600 g flespompoen
- [ ] 1 kg kleine vastkokende aardappels
- [ ] circa 10 boerenkoolbladeren
- [ ] 1 bos bladpeterselie
- [ ] 1 bosje koriander
- [ ] 4 uien
- [ ] 9 teentjes knoflook
- [ ] 4 cm gemberwortel
- [ ] ½ granaatappel
- [ ] 1 citroen
- [ ] 1 sinaasappel
- [ ] 2 niet al te rijpe peren

Diepvries

- [ ] 600 g diepvriesspinazie

Vers

- [ ] 1 Mont d'Or (kaas)
- [ ] 75 g boter
- [ ] 250 g gorgonzola
- [ ] 200 g ricotta
- [ ] 900 ml melk

Supermarkt

☐ 30 g gekonfijte citroen
☐ 100 g hazelnoten
☐ ½ pakje gedroogde lasagnevellen (250 g)
☐ 340 g bulgur
☐ 100 ml tahin
☐ 4 medjooldadels
☐ 2 eetlepels zwarte thee
☐ 1 blik kikkererwten à 300 g (uitlekgewicht)
☐ 100 g havervlokken
☐ 2 eetlepels tomatenpuree
☐ 2 eetlepels pijnboompitten
☐ 1 glaasje witte wijn

Bakker

☐ brood (voor vrijdag)

Uit de voorraadkast

☐ grove mosterd
☐ 1 steranijs
☐ nootmuskaat
☐ 40 g bloem
☐ olijfolie
☐ chilivlokken of -poeder
☐ 6 kruidnagels
☐ honing of ahornsiroop
☐ 1 theelepel komijnzaad
☐ 2 kaneelstokjes
☐ 2 zwarte-peperkorrels
☐ 8 kardemompeulen
☐ kristalsuiker (optioneel)
☐ zout, peper

Week 06 *zondag*

1. Voorbereidingen

20 minuten

Was de kruiden, dep ze droog en haal de blaadjes eraf. Berg twee derde van de peterselie en de helft van de koriander op. ➜ **BAKJE** ➜ **KOELKAST**
Borstel de aardappels schoon. ➜ **BAKJE** ➜ **KOELKAST**
Schrap de wortels en schil de knolselderij. Snijd de knolselderij in stukjes. Hak 1 wortel fijn en snijd de rest in staafjes (julienne).
Maak de pompoen schoon, verwijder de pitten en snijd hem in plakken.
Was de boerenkoolbladeren en dep ze goed droog. Verwijder eventuele harde stelen.
Was en droog de sla. ➜ **ZAKJE** ➜ **KOELKAST**
Pel de uien en hak ze fijn.
Pel 6 teentjes knoflook.
Verwijder het harde uiteinde en eventuele uitgedroogde bladeren van de prei. Snijd hem dan in de lengte doormidden, was hem goed en hak hem fijn.
Spoel de kikkererwten zorgvuldig af. Berg een derde op. ➜ **BAKJE** ➜ **KOELKAST**

2. Vinaigrette

5 minuten

Meng in een luchtdicht afsluitbaar potje 2 theelepels mosterd, 1 eetlepel citroensap, een beetje geraspte citroenschil, een beetje geraspte knoflook, zout, peper en 3 eetlepels olijfolie. Schud goed. ➜ **KOELKAST**

3. Salade van geroosterde groenten

20 minuten

DE SAUS Meng 100 ml tahin, 75 ml water, het sap van ½ granaatappel, 2 eetlepels citroensap, 1 teentje knoflook en de (niet-opgeborgen) peterselie in een keukenmachine. ➜ **POTJE** ➜ **KOELKAST**
DE BOERENKOOLCHIPS Verwarm de oven voor tot 180 °C. Verdeel de boerenkoolbladeren over een bakplaat; sprenkel er olijfolie over en bestrooi ze met wat zout. Zet ze 10 minuten in de oven, tot ze knapperig zijn. Laat afkoelen. ➜ **BAKJE** ➜ **VOORRAADKAST**
DE HAZELNOTEN Verdeel de hazelnoten over een bakplaat en rooster ze 7 minuten boven in de oven. ➜ **BAKJE** ➜ **VOORRAADKAST**
DE BULGUR Kook de bulgur 4 minuten in 1,5 keer de hoeveelheid gezouten water. Laat afkoelen. ➜ **BAKJE** ➜ **KOELKAST**
DE TE ROOSTEREN GROENTEN Meng de pompoen met een kwart van de knolselderij. Breng ze op smaak met 2 eetlepels olijfolie, 2 ongepelde, geplette teentjes knoflook en wat zout en peper. ➜ **BAKJE** ➜ **KOELKAST**

4. Lasagne

20 minuten

Ontdooi 400 g spinazie in een koekenpan met 15 g boter en een beetje zout. Roer dan de helft van de ricotta erdoor.
Maak een bechamelsaus: laat 500 ml melk warm worden. Smelt 40 g boter in een steelpan. Haal de pan van het vuur, voeg de bloem toe en roer goed. Zet de pan weer op het vuur en voeg, al roerend, de warme melk toe. Breng alles dan, al roerend, aan de kook. Voeg naar smaak nog wat zout, peper en nootmuskaat toe.
Maak in een ovenschaal lagen van de lasagnevellen, spinazie, de resterende ricotta en bechamelsaus. Bestrooi met pijnboompitten. Zet 30 minuten in de oven op 180 °C. Laat afkoelen. ➜ **PLASTICFOLIE** ➜ **KOELKAST**

5. Couscous

20 minuten

DE GROENTEN Verwarm 2 eetlepels olijfolie in een grote (stoof)pan en bak hierin de helft van de uien 6-7 minuten op middelhoog vuur. Voeg 4 teentjes geraspte knoflook en 2 cm geraspte gember toe; roer alles 1 minuut goed door. Roer dan het komijnzaad en de zaden uit 3 kardemompeulen erdoor. Voeg tot slot de wortelstaafjes, wat chilipoeder, 200 ml water, de tomatenpuree, de schil van 1 sinaasappel (geschild met een dunschiller), 1 kaneelstokje, 200 g kikkererwten en 2 ontpitte gehakte dadels toe, en laat alles 20 minuten sudderen. ➜ **BAKJE** ➜ **KOELKAST**
DE SAUS VAN GEKONFIJTE CITROEN EN KORIANDER Meng de (niet-opgeborgen) koriander met de gekonfijte citroen, een beetje chilipoeder en 1 eetlepel olijfolie in een keukenmachine. ➜ **POTJE** ➜ **KOELKAST**

6. Soep

15 minuten

Smelt 20 g boter in een koekenpan en smoor hierin de prei, fijngehakte wortel en de resterende uien 6-7 minuten op laag vuur. Voeg de rest van de knolselderij toe en roer alles 5 minuten goed door. Voeg dan 200 ml water toe, leg het deksel op de pan en laat alles circa 20 minuten zachtjes koken, tot de selderij gaar is. Pureer de soep. Laat afkoelen. ➜ **BAKJE** ➜ **VRIEZER**

7. Indiase kruidenthee (*chai*)

10 minuten

Doe 2 cm in plakjes gesneden gember, 6 kruidnagels, 2 peperkorrels, 5 kardemompeulen, 1 steranijs en 1 kaneelstokje in een kleine pan. Kneus ze lichtjes met een kleinere pan of met de bodem van een zware pot. Voeg 1 liter water toe, breng het geheel aan de kook, zet het vuur lager en laat het circa 10 minuten zachtjes koken. Dit is de basis waarmee je op elk moment van de dag snel een kopje chai kunt bereiden. Laat afkoelen. ➜ **BAKJE** ➜ **KOELKAST**

Week 06 *maandag*

Mont d'Or met aardappels, salade

Klaar in 40 minuten, waarvan 10 minuten actief

DE MONT D'OR Verwarm de oven voor tot 225 °C. Open het doosje van de Mont d'Or, maak een kuiltje in het midden van de kaas en schenk daar de witte wijn in. Maak ook een aantal kleine inkepingen in de kaas en stop daar heel dunne plakjes knoflook in (van 1 teentje). Zet 25 minuten in de oven.
DE AARDAPPELS Leg de aardappels in een pan koud water. Voeg zout toe een kook de aardappels in 25-30 minuten gaar; prik er met een vork in om te voelen of ze zacht zijn. Giet af.
DE SALADE Breng de sla (bewaar de helft van de salade voor dinsdag en voor bij de lasagne van woensdag) op smaak met de vinaigrette en strooi er wat hazelnoten over. Serveer de gesmolten kaas bij de aardappels, met de salade ernaast.

Salade van geroosterde groenten en bulgur

Klaar in 40 minuten, waarvan 10 minuten actief

DE GEROOSTERDE GROENTEN Verwarm de oven voor tot 200 °C. Verdeel de groenten over een ovenschaal of bakplaat en zet ze circa 25 minuten in de oven, tot ze zacht en lichtjes geroosterd zijn. Berg twee derde van de pompoen op voor donderdag.
DE BULGUR Verwarm een derde van de bulgur in een koekenpan, tot hij lichtjes geroosterd is. Verdeel de bulgur over een serveerschaal. Leg de geroosterde groenten erbovenop, gevolgd door de boerenkoolchips, hazelnoten (bewaar een deel voor vrijdag), wat slablaadjes, de saus en de kikkererwten. Bestrooi alles tot slot met de koriander en wat peterselie (bewaar wat voor vrijdag).

Week 06 *Woensdag*

Lasagne met ricotta en spinazie

Klaar in 20 minuten, waarvan 5 minuten actief

Warm de lasagne in circa 15 minuten op in een tot 160 °C voorverwarmde oven. Breng de resterende sla op smaak met de vinaigrette en serveer die bij de lasagne.

donderdag Week 06

Couscous met wintergroenten

Klaar in 20 minuten, waarvan 5 minuten actief

Warm de groenten op samen met de opzij gehouden pompoen (zie dinsdag) en de resterende spinazie. Verwarm ook de resterende bulgur in een koekenpan. Serveer en geef de saus van gekonfijte citroen en koriander er apart bij.
VOOR VRIJDAG Haal de soep uit de vriezer en zet in de koelkast.

Week 06 vrijdag

Knolselderijsoep, broodjes met peer en gorgonzola

Klaar in 20 minuten, waarvan 10 minuten actief

Warm de soep op; verdun hem eventueel nog met een beetje water tot de door jou gewenste consistentie. Beleg het brood met gorgonzola en plakjes peer, en strooi er hazelnoten en peterselie over. Serveer.

Havermoutpap en pittige Indiase kruidenthee (*chai*)

Klaar in 10 minuten, waarvan 10 minuten actief

DE CHAI Filter het water met de specerijen. Breng het aan de kook en haal het dan van het vuur. Voeg de zwarte thee toe en laat het mengsel trekken. Verwarm 200 ml melk. Meng de melk door de thee en voeg eventueel nog wat suiker of andere zoetstof toe. Serveer bij het ontbijt.

DE HAVERMOUTPAP Verwarm 200 ml melk en 200 ml water in een steelpan, met een snufje zout. Voeg zodra het mengsel begint te borrelen de havermout toe. Zet als het kookt het vuur lager en voeg 2 in kleine stukjes gesneden dadels toe. Laat alles dan net zolang sudderen tot je een vrij dikke pap hebt. Voeg nog wat honing of ahornsiroop toe en serveer meteen, als ontbijt.

Week 07

maandag
Geroosterde asperges met zachtgekookte eieren, salade van venkel, sinaasappel en quinoa

dinsdag
Noedels in bouillon

woensdag
Pizza met gekaramelliseerde venkel en mozzarella

donderdag
Linzensalade, huisgemaakte labneh, rauwkost

vrijdag
Voorjaarsvelouté met doperwten en tuinbonen, knoflook-ricottabroodjes

bonusrecept
Welsh cakes

TIMING

2 uur
IN DE KEUKEN

LENTE

Buiten het seizoen kun je de asperges vervangen door wortelgroenten die je in lange 'frieten' snijdt en 20 minuten in de oven roostert.

TIP

Labneh is een soort uitgelekte yoghurt: het kost tijd, maar het is heel eenvoudig te maken en heeft een ultrazachte en heerlijke textuur.

GEEN LIEFHEBBER VAN

venkel? Vervang hem door bietjes in de salade en door uien op de pizza.

Om te bewaren

1 zakje
4 bewaardozen van circa 300 ml
11 bewaardozen van circa 750 ml
2 bewaardozen van circa 1,5 l

Keukengerei

2 bakplaten
2 grote (stoof)pannen
1 koeken- of hapjespan
1 zware koekenpan met dikke bodem, liefst van gietijzer
een kaasdoek of dunne theedoek
een (staaf)mixer

WOENSDAG
DINSDAG
BONUS
VRIJDAG
DONDERDAG
MAANDAG

Week 07 de boodschappen

Fruit, groenten en kruiden

- ▢ 500 g groene asperges
- ▢ 3 venkelknollen
- ▢ 200 g peultjes
- ▢ 1 kleine bloemkool
- ▢ 150 g jonge bladgroenten (bijv. snijbiet, postelein of spinazie)
- ▢ 7 jonge wortels (bijv. bos- of waspenen)
- ▢ 2 stronkjes boksoi (baby-paksoi) (of 500 g diepvriesspinazie)
- ▢ 500 g (diepvries) doperwten
- ▢ 4 cm gemberwortel
- ▢ 6 teentjes knoflook
- ▢ 1 bos bladpeterselie
- ▢ 2 sinaasappels
- ▢ 2 citroenen
- ▢ 1 limoen

Diepvries

- ▢ 200 g diepvriestuinbonen (reeds gedopt)

Vers

- ▢ 300 g mozzarella
- ▢ 500 g yoghurt
- ▢ 500 g geitenyoghurt
- ▢ 5 eieren
- ▢ 200 g ricotta
- ▢ 185 g boter
- ▢ 200 g stevige tofu

Supermarkt

- ☐ 50 g zwarte kalamata-olijven
- ☐ 4-5 gedroogde shiitakes (optioneel)
- ☐ 200 g mie
- ☐ 2 biologische groente-bouillonzakjes of -blokjes
- ☐ 1 zakje gedroogde bakkersgist (of 15 g verse bakkersgist)
- ☐ ½ theelepel bakpoeder
- ☐ 150 g quinoa
- ☐ 150 g groene of zwarte linzen
- ☐ 80 g rozijnen
- ☐ 2 eetlepels sesamzaad
- ☐ 100 g amandelen of pistachenoten

Bakker

- ☐ brood (voor vrijdag)

Uit de voorraadkast

- ☐ olijfolie
- ☐ sesamolie
- ☐ 80 g bruine suiker + 2 mespuntjes
- ☐ 675 g bloem
- ☐ honing
- ☐ kristalsuiker
- ☐ grove mosterd
- ☐ sojasaus
- ☐ 2 snufjes gerookte-paprikapoeder
- ☐ chilivlokken of -poeder
- ☐ ½ theelepel quatre épices (Frans specerijenmengsel) of nootmuskaat en kaneel
- ☐ 2 theelepels za'atar
- ☐ zout, peper

Week 07 zondag

1. Voorbereidingen

20 minuten

Was en droog de jonge bladgroenten. → **ZAKJE** → **KOELKAST**
Was de peterselie, dep hem droog en haal de blaadjes eraf. Berg de helft op. → **BAKJE** → **KOELKAST**
Was de bloemkool en verdeel hem in roosjes. Meng de helft met 1 eetlepel olijfolie, zout en peper. → **BAKJE** → **KOELKAST** Berg de rest op. → **BAKJE** → **KOELKAST**
Pel de uien en 1 teentje knoflook.
Spoel de linzen zorgvuldig af.
Maak de asperges schoon en verwijder de houtige uiteinden. → **BAKJE** → **KOELKAST**
Schrap 2 wortels (bewaar een deel van de schilletjes voor de bouillon); laat het loof eraan zitten.
Was de boksoi (als je die gebruikt in plaats van spinazie), haal de bladeren los, leg ze op elkaar en snijd ze in 3 of 4 stukken. → **BAKJE** → **KOELKAST**
Was de venkelknollen en snijd ze, in de lengte, in heel dunne plakken (liefst met een mandoline). Leg ze in ijskoud water (met ijsblokjes) met een beetje citroensap. Berg een derde op. → **BAKJE** → **KOELKAST**
Rooster de amandelen (of pistachenoten), al roerend, in een droge koekenpan (let op dat ze niet aanbranden).
Spoel de resterende wortels onder koud stromend water af. Snijd het loof kort af en snijd de wortels in de lengte in vieren. → **BAKJE** → **KOELKAST**

2. Pizza

15 minuten

HET DEEG Verwarm 300 ml water tot het lauw is. Gebruik daarvan 100 ml om de gist mee aan te lengen: roer goed en wacht een paar minuten. Meng 450 g bloem met 1 theelepel zout, maak er een kuiltje in en doe daar het gistmengsel, 2 eetlepels olijfolie en nog eens 150 ml water in. Kneed alles 10 minuten tot een glad en elastisch deeg; voeg eventueel nog wat extra lauw water toe. Laat het dan 1,5 uur rijzen onder een theedoek.
DE GEKARAMELLISEERDE VENKEL Laat twee derde van de venkelplakken uitlekken en leg ze te drogen op een theedoek. Verhit dan 2 eetlepels olijfolie in een koekenpan op middelhoog vuur en bak hierin de venkel goudbruin. Voeg wat zout en een mespuntje suiker toe. Haal de pan van het vuur en laat afkoelen. → **BAKJE** → **KOELKAST**

3. Salade

15 minuten

DE SINAASAPPELDRESSING Meng in een luchtdicht afsluitbaar potje 2 eetlepels mosterd, 1 eetlepel citroensap, 2 eetlepels sinaasappelsap, een beetje geraspte citroen- en sinaasappelschil, een beetje geraspte knoflook, een mespuntje honing, zout, peper, een snufje gerookte-paprikapoeder en 5 eetlepels olijfolie. Schud goed. → **KOELKAST**
DE QUINOA Breng de quinoa in 1,5 keer de hoeveelheid gezouten water aan de kook. Leg het deksel op de pan en laat hem op laag vuur nog 10 minuten zachtjes doorkoken. Laat afkoelen. → **BAKJE** → **KOELKAST**

4. Noedels

15 minuten

DE BOUILLON Doe (eventueel) de gedroogde shiitakes, 1 wortel (+ de schilletjes), 4 cm gekneusde gemberwortel, 3 ongepelde gekneusde teentjes knoflook, 1 bouillonzakje en een mespuntje chilipoeder in een grote pan en voeg 1,5 liter koud water toe. Breng het geheel aan de kook, zet het vuur dan laag en laat het circa 1 uur sudderen (terwijl jij de rest voorbereidt). Laat afkoelen en zeef. **→ BAKJE → KOELKAST**
DE TOFU Snijd de tofu in blokjes. **→ BAKJE → KOELKAST**
DE SAUS Rasp de resterende gember en een beetje knoflook (de rest van het aangebroken teentje knoflook voor de dressing) en meng dit met 2 eetlepels sojasaus, een mespuntje suiker, 2 eetlepels water en een snufje chilipoeder. **→ BAKJE → KOELKAST**

5. Linzen en labneh

20 minuten

DE LABNEH Leg het kaasdoek of de theedoek in een zeef. Meng in een kom 350 g gewone yoghurt en 500 g geitenyoghurt met ½ theelepel zout; meng goed. Giet dit mengsel op het doek en knoop de vier punten dicht. Hang de bundel (met behulp van een houten lepel) boven een kom of pan. Laat 24 tot 36 uur op een koele plek staan. Schep de inhoud dan uit het doek. **→ BAKJE → KOELKAST**
DE LINZEN Kook de linzen samen met 1 wortel circa 20 minuten in 3 keer de hoeveelheid water. Laat ze dan uitlekken en verwijder de wortel. Laat de linzen afkoelen. **→ BAKJE → KOELKAST**
DE ZA'ATAR MET AMANDELEN Hak de geroosterde amandelen (of pistachenoten) fijn en meng ze met de za'atar. **→ POTJE → VOORRAADKAST**

6. Soep

10 minuten

Doe de doperwten en tuinbonen in een grote pan, voeg 2 eetlepels olijfolie toe en bak ze 5 minuten. Voeg dan 1 bouillonzakje en net zoveel water toe tot ze onderstaan en laat alles 10 minuten koken. Pureer de soep dan met de (niet-opgeborgen) peterselie en 150 g yoghurt. Laat afkoelen. **→ BAKJE → VRIEZER**

7. Welsh cakes

20 minuten

Meng 225 g bloem met ½ theelepel bakpoeder, een flinke snuf zout en ½ theelepel quatre épices. Voeg 170 g boter in stukken toe en wrijf alles met je vingertoppen tot kruimels. Voeg dan nog 1 ei, de bruine suiker en de rozijnen toe. Kneed alles vlot tot een soepel deeg, zonder het te veel te bewerken. Rol het dan tot een dikte van 1 cm uit. Snijd er met een uitsteker of glas rondjes van 6-8 cm doorsnee uit en leg ze op een snijplank of bakplaat. **→ PLASTICFOLIE → VRIEZER** Als de deegrondjes eenmaal ingevroren zijn, kun je ze ook in een zakje stoppen: ze nemen dan minder ruimte in.

8. Pizza (vervolg)

5 minuten

Rol het deeg uit en leg het op een bakplaat. **→ PLASTICFOLIE → VRIEZER**

Week 07 *maandag*

Geroosterde asperges met zachtgekookte eieren, salade van venkel, sinaasappel en quinoa

Klaar in 20 minuten, waarvan 10 minuten actief

DE ASPERGES Verwarm de oven voor tot 200 °C. Leg de asperges op een bakplaat, sprenkel er olijfolie over en bestrooi ze met zout en peper. Zet ze circa 10 minuten boven in de oven, tot ze goudbruin beginnen te worden.

DE SALADE Verwijder van 1 sinaasappel met een scherp mesje de schil en de buitenste witte velletjes en snijd dan het vruchtvlees tussen de vliezen uit. Laat de venkelplakjes uitlekken en meng ze met de sinaasappelpartjes en quinoa. Breng de salade op smaak met de sinaasappeldressing (bewaar ook wat voor donderdag) en strooi er sesamzaad over. Leg 4 eieren in kokend water en laat ze 5 minuten koken. Serveer alles samen.

Noedels in bouillon

Klaar in 20 minuten, waarvan 10 minuten actief

Kook de mie volgens de aanwijzingen op de verpakking. Warm de bouillon in een andere pan op. Voeg de boksoi of spinazie toe aan de bouillon en kook hem in 5 minuten beetgaar. Verhit een beetje sesamolie in een koekenpan en bak hierin de peultjes kort aan; haal ze uit de pan. Bak daarna de tofublokjes goudbruin, schenk de saus erbij en doe ook de peultjes weer terug in de pan; roer alles voorzichtig door. Serveer de noedels in de bouillon en geef het peultjes-tofumengsel er apart bij. Sprenkel er voor serveren nog wat limoensap over.

VOOR WOENSDAG Haal het pizzadeeg uit de vriezer en zet in de koelkast.

Week 07 *Woensdag*

Pizza met gekaramelliseerde venkel en mozzarella

Klaar in 30 minuten, waarvan 10 minuten actief

DE PIZZA Verwarm de oven voor tot 240 °C. Verdeel de gebakken venkel over het pizzadeeg, leg de mozzarella er in plakken bovenop en bestrooi alles met 50 g gesneden bladgroenten. Zet de pizza circa 10 minuten in de oven. Strooi tot slot de olijven erover.

DE BLOEMKOOL VOOR DONDERDAG Maak gebruik van de hete oven en rooster alvast de met olijfolie, zout en peper op smaak gebrachte bloemkoolroosjes voor donderdag. Verlaag de oventemperatuur tot 200 °C, leg de bloemkoolroosjes in een ovenschaal en rooster ze 20 minuten. **→ BAKJE → KOELKAST**

donderdag Week 07

Linzensalade, huisgemaakte labneh, rauwkost

Klaar in 20 minuten, waarvan 10 minuten actief

DE LABNEH Verdeel de labneh over een diep bord, sprenkel er olijfolie en een beetje citroensap over (bewaar de rest voor vrijdag) en bestrooi alles met de amandel-za'atar.

DE LINZENSALADE Breng de linzen op smaak met bladpeterselie en de sinaasappeldressing van maandag. Rasp enkele rauwe bloemkoolroosjes boven de salade en voeg de resterende 100 g bladgroenten en de geroosterde bloemkool (van gisteren) toe. Schep alles voorzichtig om. Serveer met de wortelrepen en de resterende rauwe bloemkoolroosjes.

VOOR VRIJDAG Haal de soep uit de vriezer en zet in de koelkast.

Week 07 *vrijdag*

Voorjaarsvelouté met doperwten en tuinbonen, knoflook-ricottabroodjes

Klaar in 20 minuten, waarvan 10 minuten actief

Warm de soep heel langzaam op. Wrijf sneetjes brood in met doormidden gesneden teentjes knoflook en besmeer ze dan met ricotta. Bestrooi ze met gehakte peterselie en geraspte citroenschil. Serveer de broodjes bij de soep.

Welsh cakes

Klaar in 15 minuten, waarvan 10 minuten actief

Verhit een zware koekenpan met dikke bodem (liefst van gietijzer) op middelhoog vuur; vet de pan in met boter (op een stukje keukenpapier). Zet het vuur iets lager en bak de welsh cakes in circa 10 minuten gaar; keer ze 1 keer om: ze moeten aan beide kanten goudbruin en vanbinnen zacht zijn. Serveer en geef er voor de echte lekkerbekken nog wat extra boter bij.

Week 08

TIMING

2 uur
IN DE KEUKEN

LENTE

Buiten het seizoen kun je voor de minestrone (en tarwerisotto) ook heel goed wortelgroenten gebruiken.

maandag

Hartige French toast met salade

dinsdag

Romige pasta met citroen en rozemarijn

woensdag

Quiche met gerookte tofu

donderdag

Risotto van tarwekorrels met peultjes

vrijdag

Lenteminestrone

bonusrecept

Huisgemaakte graanrepen met rood fruit

TIP

French toast doet het ook heel goed in een hartige variant: varieer, afhankelijk van het seizoen én van je eigen smaak, ook eens met andere groenten en verschillende soorten pesto.

GEEN LIEFHEBBER VAN

tarwe? Maak dan een klassieke risotto met echte risottorijst, boter of room en Parmezaanse kaas.

Om te bewaren

1 zakje
5 bewaardozen van circa 300 ml
1 bewaardoos van circa 750 ml
1 bewaardoos van circa 1,5 l

Keukengerei

1 bakplaat
2 ovenschalen
1 taart- of quichevorm
2 grote (stoof)pannen
1 koeken- of hapjespan
een (staaf)mixer

DINSDAG
BONUS
DONDERDAG
VRIJDAG
MAANDAG
WOENSDAG

Week 08 de boodschappen

Fruit, groenten en kruiden

- ☐ 1 flinke krop sla van het seizoen (of een zakje gemengde sla)
- ☐ 200 g peultjes
- ☐ 6 jonge wortels, liefst met loof (bijv. bos- of waspenen)
- ☐ 1 prei
- ☐ 300 g waterkers
- ☐ 300 g broccoli of broccolikiemen
- ☐ 150 g doperwten of tuinbonen (circa 350 à 400 g in de dop)
- ☐ 1 venkelknol
- ☐ 2 jonge knolraapjes (liefst met loof)
- ☐ 1 bosje kervel
- ☐ 1 takje rozemarijn
- ☐ 2 uien
- ☐ 3 teentjes knoflook
- ☐ 4 sjalotten
- ☐ 1 bos bieslook
- ☐ 2 citroenen
- ☐ 2 appels
- ☐ 250 g aardbeien en/of frambozen

Vers

- ☐ 420 g gezouten boter
- ☐ 200 g gerookte tofu
- ☐ 600 ml melk
- ☐ 5 eieren
- ☐ 500 g Griekse yoghurt
- ☐ 500 g crème fraîche
- ☐ 160 g Parmezaanse kaas
- ☐ 50 g comté (kaas)

Supermarkt

- ☐ 1 biologisch groente-bouillonzakje of -blokje
- ☐ 500 g korte pasta (bijv. orecchiette, fusilli of penne)
- ☐ 50 g langue d'oiseau (Noord-Afrikaanse pasta in de vorm van rijstkorrels) of letterpasta
- ☐ 80 g geroosterde amandelen
- ☐ 100 g gekookte witte bonen (of uit blik)
- ☐ 40 g pecannoten
- ☐ 90 g havervlokken
- ☐ 180 g tarwekorrels of spelt
- ☐ 50 g rozijnen

Bakker

- ☐ 500 g zuurdesembrood, een beetje oud, in sneetjes

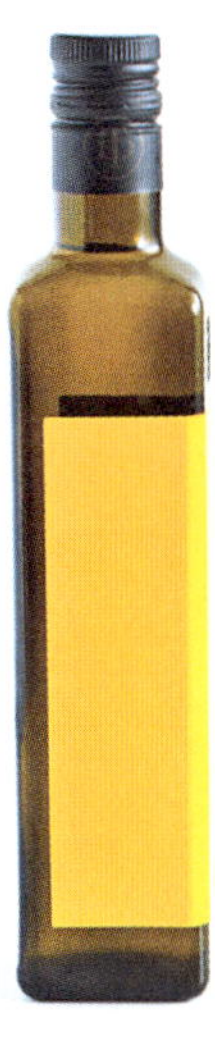

Uit de voorraadkast

- ☐ olijfolie
- ☐ grove mosterd
- ☐ paprikapoeder
- ☐ 75 g kristalsuiker
- ☐ 380 g bloem
- ☐ 1 theelepel bakpoeder
- ☐ kaneel
- ☐ nootmuskaat
- ☐ zout, peper

Week 08 *zondag*

1. Voorbereidingen

25 minuten

Leg 160 g boter in de vriezer. Haal 45 g boter uit de koelkast.
Was en droog de bieslook en kervel. Hak de bieslook fijn. Hak de helft van de kervel fijn. Berg de rest op.
➜ BAKJE ➜ KOELKAST
Borstel de wortels met het loof (verwijder eventueel beschadigd blad) onder de kraan schoon of schrap ze. Snijd ze in blokjes en hak het loof fijn.
Was de waterkers en dep de blaadjes droog. Berg de helft op. **➜ BAKJE ➜ KOELKAST**
Was en droog de sla. **➜ ZAKJE ➜ KOELKAST**
Pel de uien, sjalotten en knoflook. Snijd de uien en 3 sjalotten klein; houd 1 sjalot heel.
Rasp de kazen (parmezaan en comté); bewaar van die eerste de korst. Berg een derde van de Parmezaanse kaas op. **➜ BAKJE ➜ KOELKAST**
Spoel de witte bonen af en laat ze uitlekken.
Verwijder het harde uiteinde van de prei. Snijd hem dan in de lengte doormidden, was hem goed en hak hem fijn.
Was de venkelknol en snijd hem in blokjes.
Was de broccoli (of broccolikiemen). Verdeel hem in roosjes (of hak ze fijn).
Was de aardbeien en/of frambozen.
➜ BAKJE ➜ KOELKAST
Borstel de knolraapjes onder de kraan schoon en snijd ze in blokjes; was het loof (als dat eraan zit) en hak het fijn.
Dop de doperwten of tuinbonen.
➜ BAKJE ➜ KOELKAST
Hak de pecannoten in stukjes.

2. Quichedeeg en vinaigrette

20 minuten

HET QUICHEDEEG Doe 200 g bloem in een kom. (Als je ongezouten boter gebruikt, voeg dan ½ theelepel zout toe.) Haal de boter uit de diepvries en rasp hem boven de bloem. Meng de boterkrullen met de bloem en voeg 120 ml water toe (bij voorkeur zeer koud, uit de koelkast). Kneed alles met koele handen snel tot een soepel deeg; voeg indien nodig nog wat meer water toe. Vorm dan een bal van het deeg, zonder het te veel te bewerken.
➜ PLASTICFOLIE ➜ KOELKAST
DE VINAIGRETTE Meng in een luchtdicht afsluitbaar potje 2 theelepels mosterd, 1 eetlepel citroensap, een beetje geraspte citroenschil, een beetje geraspte knoflook, zout, peper en 3 eetlepels olijfolie. Schud goed.
➜ KOELKAST

3. Pesto en French toast

20 minuten

DE WATERKERSPESTO Pureer de (niet-opgeborgen) waterkers met de amandelen, de hele sjalot, 3 eetlepels olijfolie en 2 geraspte teentjes knoflook. Voeg 100 g fijn geraspte Parmezaanse kaas toe. Berg een derde van de pesto op. **➜ POTJE ➜ KOELKAST**
FRENCH TOAST Besmeer de sneetjes brood met de rest van de pesto (als het brood niet oud is, rooster het dan lichtjes). Blancheer de broccoli 2 minuten in gezouten kokend water en laat uitlekken. Houd een derde apart voor de quiche. Vet een ovenschaal in met olie. Leg de sneetjes brood naast elkaar in de ovenschaal met de broccoli ertussen. Klop 200 g Griekse yoghurt, 200 g crème fraîche, 600 ml melk en 3 eieren door elkaar. Voeg dan nog 1 eetlepel mosterd, wat paprikapoeder en de geraspte comté toe. Giet dit mengsel over het brood. Dek het geheel af met plasticfolie. Zet er nog een ovenschaal op om het wat gewicht mee te geven: het brood moet goed in de vloeistof 'zinken'. **➜ KOELKAST**

4. Quiche

15 minuten

Verwarm de oven voor tot 180 °C. Rol het quichedeeg uit en bekleed er een taartvorm mee. Snijd de tofu in staafjes. Verdeel ze samen met de apart gehouden broccoli over de bodem van de quiche. Klop 300 g Griekse yoghurt, 100 g crème fraîche, 2 eieren en wat paprikapoeder en nootmuskaat door elkaar, en voeg de helft van de bieslook toe. Schenk dit mengsel over de tofu en broccoli en zet de quiche 35 minuten in de oven. Laat afkoelen. **→ PLASTICFOLIE → KOELKAST**

5. Kruidenboter

5 minuten

Meng 45 g zachte boter met de geraspte schil van 1 citroen, de resterende bieslook, de fijngehakte kervel en wat peper. Vorm er een rol van. **→ PLASTICFOLIE → KOELKAST**

6. Minestrone en groenten voor de tarwerisotto

20 minuten

Smoor de prei, fijngesneden uien en sjalotten 7-8 minuten op laag vuur in 2 eetlepels olijfolie en 15 g boter. Voeg vervolgens de wortel en het loof toe en laat alles nog 4-5 minuten, al roerend, zachtjes smoren. Haal een derde van het groentemengsel uit de pan voor de risotto en berg het op. **→ BAKJE → KOELKAST**

Voeg dan de knolraapjes met het loof en de venkel toe; roer steeds 3-4 minuten. Voeg net zoveel water toe dat alles onderstaat én de korst van de Parmezaanse kaas (als je die nog hebt). Laat alles 10 minuten zachtjes koken. Schep dan de witte bonen erdoor. Laat afkoelen. **→ BAKJE → VRIEZER**

7. Huisgemaakte graanrepen met rood fruit

15 minuten

Zet de oven op 170 °C. Rasp 2 appels met schil. Smelt 150 g boter in een grote pan. Voeg van het vuur 180 g bloem gemengd met 90 g havervlokken, 75 g suiker, 50 g rozijnen, 40 g gehakte pecannoten, een snufje kaneel, een snufje nootmuskaat en 1 theelepel bakpoeder toe. Voeg tot slot de appels toe en spreid het mengsel uit over een bakplaat; druk de bovenkant stevig aan. Bak 'de koek' 50 minuten tot 1 uur: hij moet goudbruin zijn. Laat afkoelen. **→ PLASTICFOLIE → KOELKAST**

Week 08 *maandag*

Hartige French toast met salade

Klaar in 45 minuten, waarvan 5 minuten actief

Verwarm de oven voor tot 180 °C. Zet de hartige French toast circa 35 minuten in de oven. Serveer met de waterkerspesto (bewaar een deel voor vrijdag) en een salade met vinaigrette (bewaar wat sla en vinaigrette voor woensdag).

Romige pasta met citroen en rozemarijn

Klaar in 15 minuten, waarvan 10 minuten actief

Kook de pasta volgens de aanwijzingen op de verpakking. Was de rozemarijn en hak hem fijn. Smelt 50 g boter in een steelpan en voeg 200 g crème fraîche, de geraspte schil van 1 citroen en 2 eetlepels citroensap en de gehakte rozemarijn toe. Breng het geheel zachtjes aan de kook (blijf er wel bij staan) en laat het dan nog 2 minuten sudderen. Verdeel de saus door de uitgelekte pasta en voeg de Parmezaanse kaas toe. Schep alles goed om en serveer.

Week 08 Woensdag

Quiche met gerookte tofu

Klaar in 20 minuten, waarvan 5 minuten actief

Verwarm de oven voor tot 160 °C. Warm de quiche in 15-20 minuten op. Serveer met wat sla, gemengd met waterkers (bewaar wat voor donderdag en vrijdag) en op smaak gebracht met vinaigrette.

Risotto van tarwekorrels met peultjes

Klaar in 25 minuten, waarvan 15 minuten actief

Was de peultjes en snijd ze in reepjes. Verwarm 600 ml water met het bouillonzakje of -blokje. Warm het prei-ui-sjalotmengsel op in een grote pan en voeg de tarwekorrels toe; schep alles goed om. Zet het vuur middelhoog en voeg 1 soeplepel bouillon toe; roer net zo lang tot de bouillon is geabsorbeerd. Voeg de rest van de bouillon in 2 of 3 keer toe – wacht steeds even totdat alle bouillon geabsorbeerd is – totdat de tarwe gaar is. Voeg samen met de laatste lepel bouillon ook de peultjes toe. Serveer de risotto in diepe borden met een plakje kruiden-citroenboter en een paar blaadjes kervel en waterkers.

VOOR VRIJDAG Haal de soep uit de vriezer en zet in de koelkast.

Week 08 vrijdag

Lenteminestrone

Klaar in 20 minuten, waarvan 10 minuten actief

Warm de minestrone op. Voeg de pasta toe en kook hem in de soep gaar. Voeg 5 minuten voor het einde van de kooktijd de doperwten of tuinbonen toe. Serveer met de resterende waterkerspesto en wat blaadjes waterkers.

Huisgemaakte graanrepen met rood fruit

Klaar in 5 minuten, waarvan 5 minuten actief

Verdeel de aardbeien (snijd ze doormidden als ze erg groot zijn) of de frambozen over de bovenkant van de 'koek'; prak ze lichtjes fijn met een vork. Snijd de koek in vierkantjes. Deze huisgemaakte graanrepen zijn met fruit 1-2 dagen en zonder fruit 3 dagen houdbaar.

Week 09

TIMING

2 uur
IN DE KEUKEN

LENTE

Buiten het seizoen kun je de sperziebonen, doperwten en tuinbonen vervangen door broccoli.

maandag
Frittata en salade

dinsdag
Spaghetti aglio olio, lentesalade

woensdag
Salade van geroosterde groenten en hummus, huisgemaakte pitabroodjes

donderdag
Gebakken sperziebonen met rijst en tofu

vrijdag
Wortelsoep, kruidenkaas

bonusrecept
Aardbeienijs

TIP

Je kunt heel gemakkelijk 'instant-ijs' maken door diepvriesfruit te mixen met room of yoghurt.

GEEN LIEFHEBBER VAN

prei? Vervang hem dan door geraspte (en goed uitgelekte) courgette.

Om te bewaren

2 zakjes
7 bewaardozen van circa 300 ml
6 bewaardozen van circa 750 ml
1 bewaardoos van circa 1,

Keukengerei

1 bakplaat
1 ovenschaal
2 grote (stoof)pannen
1 ovenvaste koeken- of hapjespan
een keukenmachine of (staaf)mixer
een ijsmachine, als je die hebt (geen vereiste)

MAANDAG
DONDERDAG
VRIJDAG
WOENSDAG
DINSDAG
BONUS

Week 09 de boodschappen

Fruit, groenten en kruiden

- ☐ 500 g sperziebonen
- ☐ 12 jonge wortels (bijv. bos- of waspenen)
- ☐ 100 g verse shiitakes of champignons
- ☐ 2 preien
- ☐ 200 g peultjes
- ☐ 1 flinke krop sla van het seizoen (of een zakje gemengde sla)
- ☐ 250 g groene asperges
- ☐ een handje verse tuinbonen of doperwten
- ☐ 1 cm kurkumawortel
- ☐ 4 cm gemberwortel
- ☐ 1 bos bieslook
- ☐ 10 bosuien
- ☐ 1 bos dille
- ☐ 1 bos bladpeterselie
- ☐ 1 bos koriander
- ☐ 6 teentjes knoflook
- ☐ 4 sjalotten
- ☐ 2 citroenen
- ☐ 500 g aardbeien

Vers

- ☐ 5 eieren
- ☐ 80 g boter
- ☐ 60 g Parmezaanse kaas
- ☐ 300 g crème fraîche van goede kwaliteit (liefst van rauwe melk)
- ☐ 500 g volle Franse kwark
- ☐ 200 g stevige tofu

Supermarkt

- ▢ 500 g spaghetti
- ▢ 200 g gekookte kikkererwten (of uit blik)
- ▢ 2 eetlepels tahin (naar keuze; je kunt ook pindakaas gebruiken)
- ▢ 250 g witte rijst
- ▢ 120 ml droge witte wijn (of 3 eetlepels mirin)
- ▢ 2 eetlepels granaatappelmelasse (optioneel)
- ▢ 80 g geroosterde amandelen
- ▢ 1 biologisch groente-bouillonzakje of -blokje

Bakker

- ▢ brood (voor vrijdag)

Uit de voorraadkast

- ▢ olijfolie
- ▢ 1 theelepel bakpoeder
- ▢ chilivlokken of -poeder
- ▢ 1 theelepel za'atar (of tijm, sumak of komijn)
- ▢ grove mosterd
- ▢ 500 g bloem
- ▢ 4 eetlepels sojasaus
- ▢ 1 zakje gedroogde bakkersgist (of 15 g verse bakkersgist)
- ▢ kristalsuiker
- ▢ zout, peper

Week 09 *zondag*

1. Voorbereidingen

30 minuten

Was de kruiden, dep ze droog en haal de blaadjes eraf. Hak de helft van de koriander, 3 takjes dille, de helft van de bladpeterselie en een kwart van de bieslook fijn; meng alles.
Berg de rest van de kruiden op.
→ BAKJE → KOELKAST
Was en droog de sla. **→ ZAKJE → KOELKAST**
Borstel de wortels met het loof (verwijder eventueel beschadigd blad) onder de kraan schoon of schrap ze. Snijd twee derde in blokjes en hak het loof fijn.
Maak de asperges schoon en verwijder de houtige uiteinden. Was de peultjes.
Maak de bosuien schoon; verwijder beschadigd blad. Snijd 4 uien in de lengte door. Hak 4 uien fijn. Houd 2 uien heel. **→ BAKJE → KOELKAST**
Meng de asperges, de 4 hele wortels, de peultjes en de 4 in de lengte doorgesneden lente-uien met 2 eetlepels olijfolie, wat zout en peper, en 1 eetlepel granaatappelmelasse. **→ BAK → KOELKAST**
Pel de sjalotten en knoflook. Hak de sjalotten fijn.
Snijd de knoflook in heel dunne plakjes; laat 1 teentje heel. Meng de knoflookplakjes met 2 eetlepels olijfolie en 2 snufjes chilivlokken.
→ BAKJE → KOELKAST
Spoel de kikkererwten af en laat ze uitlekken.
Verwijder de harde uiteinden en eventuele uitgedroogde bladeren van de preien. Snijd ze in de lengte doormidden, was ze goed en hak ze fijn.
Was de aardbeien en verwijder de kroontjes.
Haal de sperziebonen af. Kook ze 5 minuten in gezouten water. Laat ze uitlekken en afkoelen in ijswater. Berg driekwart op. **→ BAKJE → KOELKAST**
Dop de doperwten of tuinbonen en berg ze met een kwart van de sperziebonen op. **→ BAKJE → KOELKAST**
Veeg de champignons schoon en hak ze fijn.
Rasp de gember heel fijn.
Hak de amandelen grof. **→ BAKJE → VOORRAADKAST**

2. Pitabroodjes en hummus

30 minuten

HET DEEG Verwarm 300 ml water tot het lauw is. Gebruik daarvan 100 ml om de gist mee aan te lengen: roer goed en wacht een paar minuten. Meng 500 g bloem met 1 theelepel zout, maak er een kuiltje in en doe daar het gistmengsel, 2 eetlepels olijfolie en nog eens 150 ml water in. Kneed alles 10 minuten tot een glad en elastisch deeg; voeg eventueel nog wat extra lauw water toe. Laat het dan 1,5 uur rijzen onder een theedoek.
DE HUMMUS Pureer de kikkererwten met ½-1 teentje geraspte knoflook, wat citroensap, een beetje koriander en peterselie (uit het bakje met niet-gehakte kruiden), de tahin, wat zout en 2 eetlepels olijfolie. Proef en voeg eventueel nog wat extra knoflook, citroensap, zout of olijfolie toe. **→ BAKJE → KOELKAST**
DE DRESSING Meng in een luchtdicht afsluitbaar potje 1 theelepel mosterd, 1 eetlepel citroensap, 1 eetlepel granaatappelmelasse en 6 eetlepels olijfolie. Schud goed. **→ KOELKAST**

3. Rijst

20 minuten

DE BOUILLON Verwarm 300 ml water met het bouillonzakje of -blokje.
DE TOFU Meng de geraspte gember met 2 eetlepels water, 4 eetlepels sojasaus en de witte wijn of mirin. Snijd de tofu in reepjes. Bak ze goudbruin in 30 g boter en voeg ze dan toe aan de marinade; schep alles goed om.
HET UI-SJALOT-PREIMENGSEL Laat de fijngehakte sjalotten, bosuien en preien in 50 g boter op middelhoog vuur 7-8 minuten smoren, tot ze heel zacht zijn. Haal driekwart van het mengsel uit de pan en zet het opzij voor de frittata en de soep.
DE PADDENSTOELEN Voeg dan de paddenstoelen toe en bak ze in circa 5 minuten lichtbruin. Voeg de tofu en marinade toe en laat alles 2 minuten inkoken. Schenk de bouillon erbij en laat alles nog 5 minuten inkoken. Laat afkoelen. **→ BAKJE → KOELKAST**

4. Soep en frittata

20 minuten

DE GROENTEN VOOR DE FRITTATA Verdeel het ui-sjalot-preimengsel in tweeën: meng het deel voor de frittata met de fijngehakte kruiden en de geraspte kurkuma. **→ BAKJE → KOELKAST**

DE SOEP Doe de andere helft van het groentemengsel in een pan. Zet het vuur middelhoog en voeg de wortelblokjes toe. Laat alles, al roerend, 5 minuten bakken. Voeg dan een beetje zout en net zoveel water toe tot alles onderstaat. Laat dan nog circa 20 minuten zachtjes koken en pureer de soep. Laat afkoelen. **→ BAKJE → VRIEZER**

5. Pitabroodjes

10 minuten

Als het deeg gerezen is, plet het dan en verdeel het in 12 stukken. Vorm er ballen van. **→ ZAKJE → VRIEZER**

6. IJs

10 minuten

Pureer de aardbeien met 200 g crème fraîche en een beetje suiker. Maak het ijs met een ijsmachine of, als je die niet hebt, doe het ijs in een bak en klop het om het uur krachtig door; doe dit 3 keer achter elkaar. **→ BAKJE → VRIEZER**

Week 09 *maandag*

Frittata en salade

Klaar in 15 minuten, waarvan 10 minuten actief

DE FRITTATA Verwarm de oven voor op de grillstand. Klop 5 eieren los met 1 theelepel bakpoeder, zout en peper. Voeg het ui-sjalot-prei-kruiden-kurkumamengsel toe en roer alles goed door. Verwarm een ovenvaste koekenpan. Voeg 2 eetlepels olijfolie toe, giet het ei-groentemengsel erin en bak alles op middelhoog vuur, tot het onderste deel goed gaar is. Zet het geheel dan nog even kort onder de grill; houd de frittata goed in de gaten.
DE SALADE Breng de helft van de sla op smaak met de dressing.

Spaghetti aglio olio, lentesalade

Klaar in 15 minuten, waarvan 10 minuten actief

Kook de pasta volgens de aanwijzingen op de verpakking. Meng de rest van de sla met de sperziebonen en doperwten of tuinbonen. Snijd een paar takjes bieslook fijn en strooi ze over de salade; breng het geheel op smaak met dressing. Verhit 2 eetlepels olijfolie in een koekenpan, voeg de helft van de voorbereide knoflookplakjes toe en bak de knoflook goudgeel. Laat de pasta zodra die gaar is uitlekken en voeg hem toe aan de koekenpan. Roer alles goed door en bestrooi met geraspte Parmezaanse kaas. Serveer met de lentesalade.
VOOR WOENSDAG Haal het pitadeeg uit de vriezer en leg in de koelkast.

Salade van geroosterde groenten en hummus, huisgemaakte pitabroodjes

Klaar in 40 minuten, waarvan 10 minuten actief

Verwarm de oven voor tot 220 °C. Druk de deegballetjes plat en leg ze op een bakplaat. Verdeel het (zondag voorbereide) groentemengsel over een ovenschaal en zet het geheel 15-20 minuten in de oven: de groenten moeten goed bruin worden. Schuif 10 minuten voor het einde van de bereidingstijd de bakplaat met pitabroodjes erbij en bak ze in 5-10 minuten bruin en knapperig. Verdeel de hummus in een cirkel over de borden, leg de groenten er middenin, bestrooi alles met za'atar en gehakte amandelen, sprenkel er een beetje dressing over en serveer met de pitabroodjes.

Gebakken sperziebonen met rijst en tofu

Klaar in 15 minuten, waarvan 10 minuten actief

DE RIJST Kook de rijst volgens de aanwijzingen op de verpakking. Warm het tofumengsel op.
DE SPERZIEBONEN Bak de sperziebonen 5 minuten in 2 eetlepels olijfolie, voeg de rest van de voorbereide knoflook toe en bak alles nog 2-3 minuten. Serveer de rijst en geef de tofu en de sperziebonen er apart bij.
VOOR VRIJDAG Haal de soep uit de vriezer en zet in de koelkast.

Week 09 vrijdag

Wortelsoep, kruidenkaas

Klaar in 20 minuten, waarvan 10 minuten actief

Warm de soep zachtjes op. Hak de resterende kruiden en 2 bosuien fijn. Meng ze met de volle Franse kwark, 100 g crème fraîche, wat zout en een beetje geraspte citroenschil. Besmeer het brood met dit mengsel en serveer het samen met de soep.

Aardbeienijs

Is al klaar

Zet het ijs 30 minuten voor serveren in de koelkast: serveer het ijs zo of met slagroom of maak er een milkshake van.

Week 10

TIMING

2 uur
IN DE KEUKEN

maandag

Witte-bonensalade met aardappels en citroenvinaigrette

dinsdag

Aubergine met miso, rijst

woensdag

Griekse salade, pitabroodjes en tarwekorrels

donderdag

Pasta met pesto

vrijdag

Melanzane alla parmigiana

bonusrecept

Frambozenclafoutis met amandeldrink

TIP

Voeg bij de melanzane alla parmigiana lasagnevellen toe om het geheel wat steviger te maken.

ZOMER

Buiten het seizoen kun je een pesto met waterkers of amandelen maken. In het geval van de Griekse salade moet je het recept volledig veranderen: die past alleen bij de zomer.

GEEN LIEFHEBBER VAN

aubergines? Vervang ze dan door courgettes.

Om te bewaren

2 zakjes
5 bewaardozen van circa 300 ml
5 bewaardozen van circa 750 ml

Keukengerei

1 of 2 bakplaten
2 ovenschalen
2 grote (stoof)pannen
1 koeken- of hapjespan
een stoommandje
een keukenmachine of (staaf)mixer

DONDERDAG
DINSDAG
MAANDAG
WOENSDAG
BONUS
VRIJDAG

Week 10 de boodschappen

Fruit, groenten en kruiden

- ☐ 1 kleine groene paprika
- ☐ 1 komkommer
- ☐ 14 tomaten
- ☐ 6 aubergines
- ☐ 2 courgettes
- ☐ 200 g sperziebonen
- ☐ 500 g kleine nieuwe aardappels
- ☐ 1 flinke krop sla van het seizoen
- ☐ 2 rode uien
- ☐ 2 cm gemberwortel
- ☐ 6 teentjes knoflook
- ☐ 1 bosje bladpeterselie
- ☐ 4 bossen basilicum
- ☐ 2 citroenen
- ☐ 250 g frambozen (diepvries mag ook)

Vers

- ☐ 200 g feta
- ☐ 8 eieren
- ☐ 25 g boter
- ☐ 200 g mozzarella
- ☐ 200 g crème fraîche + 2 eetlepels
- ☐ 100 g Parmezaanse kaas

Supermarkt

- ▢ 200 ml amandeldrink
- ▢ 500 g linguine
- ▢ 2 eetlepels rode miso (biologische of Aziatische supermarkt)
- ▢ 40 g gekonfijte citroen
- ▢ 2-3 eetlepels Grand Marnier of andere sterkedrank die goed bij frambozen past
- ▢ 240 g witte of half-volkoren rijst
- ▢ 150 g zwarte kalamata-olijven
- ▢ 200 g tarwekorrels
- ▢ 700 g witte bonen uit blik (uitlekgewicht) (of 350 g gedroogde witte bonen; laat ze een nacht van tevoren weken en kook ze)
- ▢ 2 eetlepels pijnboompitten
- ▢ 50 g geroosterde amandelen

Uit de voorraadkast

- ▢ olijfolie
- ▢ 575 g bloem + extra om te bestuiven
- ▢ gedroogde oregano
- ▢ 1 zakje gedroogde bakkersgist (of 15 g verse bakkersgist)
- ▢ kristalsuiker
- ▢ 1 snufje grof zeezout
- ▢ zout, peper

Week 10 *zondag*

1. Voorbereidingen

30 minuten

Was de kruiden, dep ze droog en haal de blaadjes eraf. Hak een handje basilicum en een handje bladpeterselie fijn. Leg bijna alle resterende basilicumblaadjes en een handje peterselie apart. Berg de rest van de peterselie en enkele blaadjes basilicum op. ➔ **BAKJE** ➔ **KOELKAST**
Was en droog de sla. ➔ **ZAKJE** ➔ **KOELKAST**
Pel de knoflook.
Was de komkommer, tomaten, paprika, aubergines en courgettes. Ontvel 10 tomaten door ze te overgieten met kokend water: het velletje laat nu gemakkelijk los. Snijd deze tomaten in plakjes. Snijd de courgettes en 3 aubergines in plakjes van 3-4 mm. Dop de sperziebonen. Kook ze 7-8 minuten in gezouten water. Laat ze uitlekken en afkoelen in ijswater. ➔ **BAKJE** ➔ **KOELKAST**
Snijd de mozzarella in plakken.
Hak de gekonfijte citroen fijn.
Kook de tarwekorrels. ➔ **BAKJE** ➔ **KOELKAST**
Maak de aardappels schoon en kook (of stoom) ze in 20 minuten gaar; je kunt ze nog schillen, maar dat hoeft niet. ➔ **BAKJE** ➔ **KOELKAST**
Spoel de witte bonen af en laat ze uitlekken. Berg 300 g op. ➔ **BAKJE** ➔ **KOELKAST**
Hak de amandelen grof. ➔ **POTJE** ➔ **VOORRAADKAST**

2. Pitabroodjes

15 minuten

HET DEEG Verwarm 300 ml water tot het lauw is. Gebruik daarvan 100 ml om de gist mee aan te lengen: roer goed en wacht een paar minuten. Meng 500 g bloem met 1 theelepel zout, maak er een kuiltje in en doe daar het gistmengsel, 1 eetlepel gedroogde oregano, 2 eetlepels crème fraîche, 2 eetlepels olijfolie en nog eens 150 ml water in. Kneed alles 10 minuten tot een glad en elastisch deeg; voeg eventueel nog wat extra lauw water toe. Laat het dan 1,5 uur rijzen onder een theedoek.

3. Witte-bonensalade

10 minuten

DE CITROENVINAIGRETTE Meng 3 eetlepels olijfolie, wat fijn geraspte citroenschil, 1 theelepel citroensap, zout, peper en de gekonfijte citroen. Proef en pas aan: afhankelijk van het type gekonfijte citroen (in olie of niet), zal de saus meer of minder 'zuurheid' vereisen. Voeg de gehakte basilicum en peterselie toe. ➔ **POTJE** ➔ **VOORRAADKAST**

4. Melanzane alla parmigiana

25 minuten

Verwarm de oven voor tot 200 °C. Verdeel de aubergine- en courgetteplakjes over één of meerdere bakplaten. Bestrijk ze ruimschoots met olijfolie. Voeg ook 2 geplette teentjes knoflook, zout en een beetje gedroogde oregano toe. Bak alles circa 20 minuten en draai de plakjes halverwege om; let op dat ze niet te veel verkleuren. Wrijf een ovenschaal in met een doormidden gesneden teentje knoflook. Snijd dit teentje samen met nog een teentje in dunne plakjes. Fruit ze op laag vuur in 2 eetlepels olijfolie. Voeg na enkele minuten de ontvelde tomaten, een handje basilicumbladeren, wat zout en een snufje suiker toe; laat alles 25 minuten sudderen. Prak 400 g witte bonen en 2 flinke lepels van het tomatenmengsel fijn met een vork (of gebruik een keukenmachine). Breng vervolgens in de ovenschotel afwisselend lagen van aubergine- en courgetteplakjes, tomatenmengsel, fijngeprakte witte bonen en mozzarella aan; eindig met het tomatenmengsel en 50 g geraspte Parmezaanse kaas. Verlaag de oventemperatuur tot 180 °C en bak het geheel 30 minuten. Laat afkoelen. ➔ **PLASTICFOLIE** ➔ **VRIEZER**

5. Gestoomde aubergine

15 minuten

DE AUBERGINES Snijd de 3 overgebleven aubergines overlangs in vieren, bestrijk ze met een beetje olijfolie en stoom ze in circa 20 minuten, in een stoommandje, heerlijk zacht (de exacte tijd hangt af van hun grootte). Laat afkoelen.
→ BAKJE → KOELKAST
DE SAUS Meng 1½ eetlepel olijfolie, 2 eetlepels miso, de geraspte gember, een mespuntje geraspte citroenschil, een handje peterselieblaadjes en 1 theelepel citroensap in een keukenmachine. Proef en breng de smaken mooi in evenwicht. **→ POTJE → KOELKAST**

6. Pesto

10 minuten

Pureer (of vermaal in een vijzel, als je die hebt) de resterende basilicum, een snuf grof zeezout (dit helpt om de blaadjes te 'scheuren'), 2 teentjes knoflook en de pijnboompitten. Voeg geleidelijk, al roerend, 75 ml olijfolie toe (of tot je de gewenste consistentie hebt bereikt) en 25 g fijn geraspte Parmezaanse kaas. Dek af met olie. **→ POTJE → KOELKAST**

7. Pitabroodjes

5 minuten

Als het deeg gerezen is, plet het dan en verdeel het in 12 stukken. Vorm er ballen van. **→ ZAKJE → VRIEZER**

8. Clafoutis

15 minuten

Zet de oventemperatuur op 190 °C. Beboter royaal een ronde ovenschaal. Verdeel de frambozen over de bodem en besprenkel ze met de Grand Marnier. Klop 200 g crème fraîche, 200 ml amandeldrink, 4 eieren, 75 g bloem, 50 g suiker en een snufje zout door elkaar. Schenk dit mengsel over de frambozen en zet 35-45 minuten in de oven. Laat afkoelen.
→ PLASTICFOLIE → KOELKAST

Week 10 maandag

Witte-bonensalade met aardappels en citroenvinaigrette

Klaar in 15 minuten, waarvan 10 minuten actief

Kook 4 eieren zacht: leg ze 5-6 minuten in kokend water. Snijd de aardappels in plakjes of in blokjes. Meng ze in een kom met 300 g witte bonen en de helft van de slablaadjes (bewaar de andere helft voor vrijdag). Pel 1 rode ui, snijd hem in heel dunne plakjes en voeg deze toe aan de salade. Breng het geheel op smaak met de citroenvinaigrette, rangschik de in tweeën gesneden eieren erbovenop en bestrooi alles met wat verse peterselie- en basilicumblaadjes, en de helft van de geroosterde amandelen (bewaar de rest voor dinsdag).

Aubergine met miso, rijst

Klaar in 15 minuten, waarvan 10 minuten actief

Kook de rijst volgens de aanwijzingen op de verpakking. Snijd de gestoomde aubergines in repen. Breng ze op smaak met de saus en bestrooi ze met wat verse peterselie- en basilicumblaadjes en de rest van de geroosterde amandelen. Serveer met de rijst.

VOOR WOENSDAG Haal het pitadeeg uit de vriezer en leg het in de koelkast.

Week 10 woensdag

Griekse salade, pitabroodjes en tarwekorrels

Klaar in 20 minuten, waarvan 20 minuten actief

DE PITABROODJES Verwarm de oven voor tot 200 °C. Plet de deegballetjes en leg ze op een bakplaat. Bak de broodjes in 5-10 minuten bruin en knapperig.
DE SALADE Snijd de komkommer en tomaten in blokjes, snijd de paprika (verwijder de zaadjes en zaadlijsten) en 1 (gepelde) rode ui in heel dunne plakjes en snijd de feta in blokjes. Meng alles in een grote kom. Voeg dan de olijven toe, bestrooi alles met wat oregano en zout, en sprenkel er royaal olijfolie over. Serveer en geef de pitabroodjes en tarwekorrels (koud of opgewarmd) er apart bij.

Pasta met pesto

Klaar in 15 minuten, waarvan 10 minuten actief

Kook de pasta volgens de aanwijzingen op de verpakking. Laat de pasta zodra die gaar is uitlekken en serveer hem met de pesto en 25 g geraspte Parmezaanse kaas.

VOOR VRIJDAG Haal de melanzane alla parmigiana uit de vriezer en zet in de koelkast.

Week 10 vrijdag

Melanzane alla parmigiana

Klaar in 20 minuten, waarvan 10 minuten actief

Verwarm de oven voor tot 160 °C. Warm de ovenschotel in 15-20 minuten op. Serveer met de resterende salade die je op smaak brengt met een beetje olijfolie en citroensap.

Frambozenclafoutis met amandeldrink

Is al klaar

Clafoutis is 2-3 dagen houdbaar in de koelkast. Serveer de clafoutis lauwwarm of koud bij het ontbijt, bij de thee of als dessert.

Week 11

TIMING

2 uur
IN DE KEUKEN

ZOMER
Buiten het seizoen kun je een tian maken van plakjes wortelgroenten en pompoen – heel dun gesneden met een mandoline –, met groenekoolbladeren ertussen, op smaak gebracht met olijfolie en kruiden.

maandag
Tabouleh
met groenteballetjes

dinsdag
Pasta met courgette en basilicum

woensdag
Provençaalse groentetian
met gepocheerde eieren

donderdag
Gebakken rijst met zomergroenten

vrijdag
Spanakopita

bonusrecept
Fruitcrumble

TIP
Alle recepten van dit menu zijn ook koud heel lekker, bijvoorbeeld bij een picknick.

GEEN LIEFHEBBER VAN
spinazie? Verhoog dan de hoeveelheid kaas en kruiden in de spanakopita; je hebt dan een tiropita (een kaastaart, in plaats van een spinazietaart – in het Grieks).

Om te bewaren
1 zakje
6 bewaardozen van circa 300 ml
6 bewaardozen van circa 750 ml

Keukengerei
1 bakplaat
3 ovenschalen of 2 ovenschalen + 1 taart- of quichevorm
1 grote pan
2 koeken- of hapjespannen
1 keukenmachine of (staaf)mixer

BONUS
DINSDAG
MAANDAG
DONDERDAG
VRIJDAG
WOENSDAG

Week 11

de boodschappen

Fruit, groenten en kruiden

- ☐ 10 middelgrote courgettes (circa 1,5 kg)
- ☐ 1,7 kg tomaten
- ☐ 2 venkelknollen
- ☐ 2 rode paprika's
- ☐ 2 groene paprika's
- ☐ 1 flinke krop sla van het seizoen
- ☐ 1 komkommer
- ☐ 400 g gedopte tuinbonen (diepvries mag ook)
- ☐ 7 rode uien
- ☐ 8 bosuien
- ☐ 7 teentjes knoflook
- ☐ enkele takjes oregano of rozemarijn
- ☐ 1 bos basilicum
- ☐ 1 bos munt
- ☐ 1 bos bladpeterselie
- ☐ 1 bosje dille
- ☐ 2 citroenen
- ☐ 200 g frambozen
- ☐ 2 kg abrikozen

Diepvries

- ☐ 600 g diepvriesspinazie (of 1,5 kg verse spinazie)

Vers

- ☐ 7 eieren
- ☐ 50 g ricotta salata (droge harde kaas), pecorino of Parmezaanse kaas
- ☐ 250 g filodeegvellen
- ☐ 150 g boter
- ☐ 300 g feta
- ☐ 150 ml melk
- ☐ 200 g Griekse yoghurt
- ☐ crème fraîche

Supermarkt

☐ 200 g gekookte witte bonen (of uit blik)

☐ 400 g langkorrelige Camarguerijst (delicatessenwinkel of online)

☐ enkele saffraandraadjes

☐ 150 g bulgur

☐ 2 eetlepels havervlokken

☐ 1 vanillestokje

☐ 200 g gekookte kikkererwten (of uit blik)

☐ 60 g geroosterde amandelen

☐ 2 theelepels tahin

☐ 60 g olijven zonder pit

☐ 500 g conchiglie of fusill

Uit de voorraadkast

☐ olijfolie

☐ 200 g bloem + extra voor de groenteballetjes

☐ nootmuskaat

☐ chilivlokken of -poeder

☐ kaneel

☐ 100 g kristalsuiker + 2 eetlepels

☐ gemalen komijn

☐ paprikapoeder

☐ witte azijn voor het pocheren

☐ zout, peper

Week 11 zondag

1. Voorbereidingen

20 minuten

Was de kruiden, dep ze droog en haal de blaadjes eraf. Berg de basilicum op; houd een handje apart. ➜ **BAKJE** ➜ **KOELKAST**
Was de tomaten en ontvel er 12 door ze te overgieten met kokend water: het velletje laat nu gemakkelijk los. Snijd deze tomaten in 4 partjes en leg ze in een vergiet boven een kom om het sap op te vangen. Snijd de rest van de tomaten in plakjes.
Was de courgettes en snijd er 4 in flinterdunne plakjes; snijd er 6 in iets dikkere plakjes.
Pel de rode uien. Snijd er 2 in flinterdunne ringen; hak de rest fijn.
Was de venkelknollen en snijd ze in flinterdunne plakjes.
Was de paprika's en snijd ze doormidden. Verwijder de zaadjes en zaadlijsten en hak ze fijn.
Pel de knoflook.
Was de abrikozen, snijd ze doormidden en verwijder de pit.
Spoel de kikkererwten en witte bonen af en laat ze uitlekken.
Hak de amandelen grof. ➜ **BAKJE** ➜ **VOORRAADKAST**
Hak de olijven fijn.
Maak de bosuien schoon; verwijder beschadigd blad; hak ze fijn.
Was en droog de sla. ➜ **ZAKJE** ➜ **KOELKAST**
Hak de komkommer fijn.

2. Tian

10 minuten

Verwarm de oven voor tot 200 °C. Vet een ovenschaal in met olijfolie en wrijf hem dan in met een doormidden gesneden teentje knoflook. Snijd dit teentje met nog een teentje in dunne plakjes. Verdeel de helft van de venkelplakjes over de bodem. Zet de dikkere plakken courgette, uiringen en tomaat er, op hun zijkant, bovenop; duw ze stevig tegen elkaar. Stop er her en der wat oregano en plakjes knoflook tussen. Besprenkel alles royaal met olijfolie. Zet het geheel in de oven en schenk er na 45 minuten een (geklopt) mengsel van 150 ml melk en 1 ei over. Laat nog 15 minuten bakken. Laat afkoelen. ➜ **PLASTICFOLIE** ➜ **KOELKAST**

3. Pasta

10 minuten

DE SAUS Verhit 3 eetlepels olijfolie in een koekenpan op middelhoog vuur en bak hierin (het equivalent van) 1 gesnipperde rode ui, de dunne plakjes courgette en de resterende venkel in 10 minuten zacht en goudbruin. Roer dan de olijven, wat geraspte citroenschil, een beetje geraspte knoflook en een handvol basilicumbladeren erdoor. Laat afkoelen. ➜ **BAKJE** ➜ **KOELKAST**

4. Spanakopita

25 minuten

HET GROENTEGARNITUUR Fruit (het equivalent van) 1 gesnipperde rode ui 6-7 minuten in 2 eetlepels olijfolie. Haal de pan van het vuur en voeg de spinazie en de helft van de fijngehakte bosuien toe. Voeg dan de verkruimelde feta, de naaldjes van 2 of 3 takjes dille, de gehakte blaadjes van 2 takjes munt en een paar blaadjes oregano toe; roer alles goed door. Voeg tot slot een beetje fijn geraspte citroenschil, peper, een snufje nootmuskaat, 2 losgeklopte eieren en 1 eetlepel olijfolie toe. Proef en pas de smaak eventueel aan.
DE TAART Verwarm de oven voor tot 200 °C. Neem 2 of 3 vellen filodeeg en bestrijk ze met olie. Breng over de hele lengte een 'strook' spinazievulling aan, rol het deeg op en leg de gevulde rol in een ingevette ovenschaal of taartvorm. Ga op dezelfde manier te werk met de rest van het filodeeg en de vulling en maak zo een spiraalvormige taart. Zet 30-40 minuten in de oven. Laat afkoelen. ➜ **PLASTICFOLIE** ➜ **VRIEZER**

5. Gebakken rijst

15 minuten

DE GROENTEN Verhit 3 eetlepels olie in een koekenpan op middelhoog vuur en laat hierin, circa 20 minuten, de resterende gesnipperde rode uien, de paprika's en 4 teentjes geraspte of fijngehakte knoflook smoren. Voeg de uitgelekte tomatenpartjes toe (bewaar het sap → **BAKJE** → **VRIEZER**) en laat alles nog 15 minuten zachtjes bakken. Schep dan de witte bonen erdoor en laat afkoelen. → **BAKJE** → **KOELKAST**

6. Tabouleh met groenteballetjes

20 minuten

DE KRUIDEN EN DE KOMKOMMER Hak de resterende munt en bijna alle peterselie (bewaar een beetje voor bij de rijst→ **BAKJE** → **KOELKAST**). Houd 2 eetlepels van het munt-peterseliemengsel apart voor de groenteballetjes. Meng de rest met de gehakte komkommer. → **BAKJE** → **KOELKAST**

DE BULGUR Kook de bulgur 4 minuten in 1 keer de hoeveelheid gezouten water. Laat afkoelen. Meng er 1 eetlepel olijfolie door. → **BAKJE** → **KOELKAST**

DE SAUS VOOR DE TABOULEH Meng de rest van de bosuien met 2 eetlepels olijfolie, wat geraspte citroenschil, een beetje citroensap en zout. → **BAKJE** → **KOELKAST**

DE GROENTEBALLETJES Kook de tuinbonen 10 minuten in een grote pan met 1 eetlepel olijfolie, 2 eetlepels water en een beetje zout. Meng ze dan met de 2 eetlepels gehakte peterselie en munt, 2 of 3 takjes dille, de kikkererwten, paprikapoeder, gemalen komijn, een beetje chilipoeder en zout in een keukenmachine. Voeg tot slot een beetje van de bulgur toe om een vrij stevige textuur te krijgen. Vorm balletjes van het mengsel. Haal ze door de bloem en bak ze in een koekenpan met olie. Laat afkoelen. → **BAKJE** → **KOELKAST**

DE YOGHURTSAUS Meng 200 g Griekse yoghurt met 2 theelepels tahin, een beetje olijfolie, wat geraspte citroenschil en -sap, een beetje oregano en geraspte knoflook. → **BAKJE** → **KOELKAST**

7. Fruit

15 minuten

HET FRUIT Verwarm de abrikozen in een pan en laat ze met 2 eetlepels suiker en 1 doormidden gesneden vanillestokje 10 minuten karamelliseren. Haal de pan van het vuur en roer de frambozen erdoor. Laat afkoelen. → **BAKJE** → **KOELKAST**

DE KORST Wrijf de boter tussen je vingers samen met de bloem tot kruimels en voeg de suiker toe. Voeg de havervlokken en een beetje kaneel toe; meng goed. → **BAKJE** → **KOELKAST**

Week 11 *maandag*

Tabouleh met groenteballetjes

Klaar in 20 minuten, waarvan 5 minuten actief

Warm de groenteballetjes 15 minuten in een koekenpan of oven (op 160 °C) op. Meng voor de tabouleh de uiensaus met de bulgur en het kruiden-komkommermengsel. Serveer met de yoghurtsaus.

Pasta met courgette en basilicum

Klaar in 15 minuten, waarvan 5 minuten actief

Kook de pasta volgens de aanwijzingen op de verpakking. Warm de saus op. Laat de pasta zodra die klaar is uitlekken en meng hem met de saus. Schaaf de kaas erover, voeg wat basilicumblaadjes en geroosterde amandelen toe en schep alles om. Dit pastagerecht kun je ook koud eten, als salade.

Week 11 **Woensdag**

Provençaalse groentetian met gepocheerde eieren

Klaar in 20 minuten, waarvan 10 minuten actief

Warm de tian in circa 15 minuten op in de oven op 160 °C.
Verhit een klein steelpannetje met water en 1 eetlepel witte azijn en breek een ei in een kommetje. Roer het water zodra het zachtjes kookt stevig door om een draaikolk te creëren: laat het ei daar voorzichtig in glijden. Haal als het eiwit gestold is het ei met een schuimspaan uit het water en laat het uitlekken op keukenpapier; pocheer op deze manier 4 eieren. Serveer ze met de tian.
VOOR DONDERDAG Haal het tomatensap uit de vriezer en zet in de koelkast.

Gebakken rijst met zomergroenten

Klaar in 20 minuten, waarvan 15 minuten actief

Verwarm het opgevangen tomatensap met zoveel water dat het samen 1 liter vormt. Voeg de saffraan en wat zout toe.
Warm in een koekenpan het paprika-tomaatmengsel op. Strooi de rijst erover, voeg de helft van de saffraanbouillon toe en roer alles goed door. Voeg de rest van de bouillon in 2 of 3 keer toe, zonder te roeren. Haal de pan van het vuur als de rijst nog vrij stevig is. Bestrooi met gehakte bladpeterselie.
VOOR VRIJDAG Haal de spanakopita uit de vriezer en zet in de koelkast.

Week 11 vrijdag

Spanakopita

Klaar in 20 minuten, waarvan 5 minuten actief

Warm de spanakopita in circa 15 minuten op in de oven op 160 °C. Breng de sla op smaak met een beetje citroensap en olijfolie. Serveer met de spanakopita.

Fruitcrumble

Klaar in 40 minuten, waarvan 5 minuten actief

Leg het fruit in een ovenschaal en bedek het met het boter-bloem-suiker-mengsel. Zet het geheel circa 35 minuten in de oven. Serveer met crème fraîche.

Week 12

TIMING

2 uur
IN DE KEUKEN

ZOMER

Buiten het seizoen kun je in plaats van de gazpacho een koude soep maken met avocado, komkommer, rode ui en een beetje yoghurt.

maandag

Gazpacho, broodjes met muhammara, broodjes met hummus

dinsdag

Gevulde groenten

woensdag

Courgette-tomaattaart

donderdag

Curry van groenten en rijst

vrijdag

Panisse en salade

bonusrecept

Vegan chocolademousse

TIP

Voeg een fruitige *touch* toe aan je gazpacho met een stuk (water)meloen of wat aardbeien.

GEEN LIEFHEBBER VAN

paprika's? Maak dan een 'dip' op basis van geroosterde courgette, met amandelen in plaats van walnoten.

Om te bewaren

2 zakjes
6 bewaardozen van circa 300 ml
4 bewaardozen van circa 750 ml

Keukengerei

1 ovenschaal
1 bakplaat
2 grote pannen
2 koeken- of hapjespannen
1 keukenmachine of (staaf)mixer

MAANDAG
VRIJDAG
BONUS
DONDERDAG
WOENSDAG
DINSDAG

Week 12

de boodschappen

Fruit, groenten en kruiden

- ▢ 5 kropjes little gem
- ▢ 10 courgettes
- ▢ 5 rode paprika's
- ▢ 8 tomaten
- ▢ 500 g kerstomaatjes
- ▢ 1 komkommer
- ▢ 2 aubergines
- ▢ 10 rode uien
- ▢ 1 bos bladpeterselie
- ▢ enkele takjes tijm of oregano (of gedroogde)
- ▢ 3 cm gemberwortel
- ▢ 9 teentjes knoflook
- ▢ 2 bossen basilicum
- ▢ 1 citroen

Vers

- ▢ 1 rol korst- of bladerdeeg (huisgemaakt of uit de winkel)
- ▢ 200 g geitenkaas
- ▢ 50 g jonge comté
- ▢ 1 ei
- ▢ 30 g boter
- ▢ 150 g crème fraîche

Supermarkt

- ▢ 50 g zongedroogde tomaten
- ▢ 1 blik gepelde tomaten
- ▢ 300 ml kokosmelk
- ▢ 200 g witte bonen uit blik
- ▢ 2 eetlepels tahin
- ▢ 50 g walnoten
- ▢ 2 eetlepels paneermeel
- ▢ 150 g tarwekorrels (of spelt of bulgur)
- ▢ 240 g langkorrelige rijst + 1 handje
- ▢ granaatappelmelasse (optioneel)
- ▢ 1 eetlepel kappertjes
- ▢ 300 g kikkererwtenmeel
- ▢ 200 g chocolade + extra voor het serveren

Bakker

- ▢ brood (voor maandag)

Uit de voorraadkast

- ▢ 30 g kristalsuiker
- ▢ gerookte-paprikapoeder
- ▢ chilivlokken of -poeder
- ▢ 2 eetlepels garam masala
- ▢ olijfolie
- ▢ neutrale olie (bijv. druivenpit-, koolzaad- of zonnebloemolie)
- ▢ balsamicoazijn
- ▢ zout, peper

Week 12 *zondag*

1. Voorbereidingen

20 minuten

Was de kruiden, dep ze droog en haal de blaadjes eraf. Houd een handje peterselie apart en berg de rest van de peterselie op. ➔ **BAKJE ➔ KOELKAST**
Was en droog de kropjes sla. **➔ ZAKJES ➔ KOELKAST**
Was alle groenten. Pel de uien.
Snijd de paprika's doormidden en verwijder de zaadjes en zaadlijsten.
Hol 4 courgettes, 4 rode uien en 4 tomaten uit: hak het vruchtvlees van deze groenten fijn; houd dat van de uien apart.
Hak 4 andere uien fijn.
Snijd 3 courgettes in heel dunne plakjes; en de andere 3 in blokjes.
Snijd de aubergines in blokjes.
Snijd de 4 andere tomaten, de komkommer, 2 uien en 1 paprika in grote dobbelstenen.
Snijd 1 paprika in kleine blokjes.
Snijd de helften van de 3 paprika's doormidden.
Hak de zongedroogde tomaten fijn.
Rasp de comté. **➔ BAKJE ➔ KOELKAST**
Laat de witte bonen uitlekken en bewaar het vocht.

2. Gevulde groenten

20 minuten

DE GEVULDE GROENTEN Verwarm de oven voor tot 180 °C. Smoor de in blokjes gesneden paprika en het fijngehakte vruchtvlees van de uitgeholde uien circa 10 minuten in 4 eetlepels olijfolie. Voeg het courgettevruchtvlees en 4 teentjes geraspte knoflook toe en laat alles nog eens 10 minuten smoren. Voeg het tomatenvruchtvlees toe en laat alles 5 minuten sudderen. Voeg dan een kwart van de basilicum, wat tijm of oregano (berg de rest op **➔ BAKJE ➔ KOELKAST**), 1 snufje gerookte-paprikapoeder, wat zout en een handvol rijst toe en laat alles 10-12 minuten bakken, tot de rijst gaar is en het vocht geabsorbeerd heeft. Vul de uitgeholde groenten met dit mengsel en zet 40 minuten in de oven. Laat afkoelen. **➔ PLASTICFOLIE ➔ KOELKAST**
DE BASILICUMSAUS Pureer twee derde van de resterende basilicum met 2 teentjes knoflook, 1 eetlepel kappertjes, olijfolie en een beetje zout. **➔ BAKJE ➔ KOELKAST**

3. Taart

15 minuten

HET GROENTEGARNITUUR
Smoor een kwart van de fijngehakte uien circa 10 minuten in 2 eetlepels olijfolie. Voeg de dunne plakjes courgette toe en bak ze in 10-12 minuten zachtjes lichtbruin. Breng op smaak met zout en peper. Voeg bijna alle resterende basilicum (bewaar een paar blaadjes **➔ BAKJE ➔ KOELKAST**) en de zongedroogde tomaten toe. Laat afkoelen. **➔ BAKJE ➔ KOELKAST**

4. Curry

15 minuten

Fruit de resterende fijngehakte uien in 1 eetlepel neutrale olie. Voeg 2 teentjes knoflook en de geraspte gember toe, en laat alles 1 minuut bakken. Voeg de garam masala toe en roer alles 1 minuut door. Voeg de tomaten uit blik toe en laat alles 15 minuten sudderen. Pureer het mengsel. Bak de aubergine- en courgetteblokjes circa 5 minuten in 4-5 eetlepels neutrale olie; doe ze in de saus. Voeg tot slot de kokosmelk toe, leg het deksel op de pan en laat alles nog 30 minuten op laag vuur sudderen. Laat afkoelen.
→ BAKJE → VRIEZER

5. Gazpacho en broodjes

15 minuten

DE MUHAMMARA Leg de paprikakwarten op een bakplaat met de velkant naar boven en rooster ze in de oven op 180 °C, tot ze zwartgeblakerd zijn. Doe ze in een plastic zakje: als ze afgekoeld zijn, kun je het velletje er nu heel gemakkelijk afhalen. Pureer ze daarna met ½ teentje knoflook, de walnoten, wat chilipoeder, wat zout en voeg dan het paneermeel toe. **→ BAKJE → KOELKAST**
DE GAZPACHO Leg 2 sneetjes brood, de groenten die je in grote dobbelstenen gesneden hebt en een handje peterselie in een bakje. Sprenkel er 4 eetlepels olijfolie over en bestrooi alles met wat zout.
→ KOELKAST
DE HUMMUS Pureer de witte bonen met de tahin, wat citroensap, olijfolie, zout en ½ teentje knoflook. Proef en pas de smaak eventueel nog wat aan. **→ BAKJE → KOELKAST**

6. Panisse

20 minuten

Verhit 500 ml water met 30 g boter, een scheutje olijfolie en 1 grote snuf zout. Klop in een kom het kikkererwtenmeel met 500 ml koud water tot een glad beslag. Voeg beide mengsels samen en laat het geheel, onder regelmatig roeren, nog circa 20 minuten zachtjes koken. Schenk het dan in een met bakpapier beklede ovenschaal. Laat afkoelen.
→ PLASTICFOLIE → VRIEZER

7. Chocolademousse

15 minuten

Smelt de chocolade au bain-marie. Klop het vocht uit het blikje bonen stevig door: tot het stijf en glanzend is, net als bij eiwit (het duurt wel iets langer). Roer er dan voorzichtig de suiker en gesmolten chocolade door. Schep de chocolademousse in een kom. **→ PLASTICFOLIE → KOELKAST**

Week 12 *maandag*

Gazpacho, broodjes met muhammara, broodjes met hummus

Klaar in 15 minuten, waarvan 10 minuten actief

Pureer de ingrediënten voor de gazpacho. Voeg een beetje water toe als de soep te stevig is. Serveer met fijngehakte blaadjes peterselie, geroosterd brood en de muhammara en hummus. Garneer de muhammara met een beetje granaatappelmelasse, als je daarvan houdt.

Gevulde groenten

Klaar in 25 minuten, waarvan 5 minuten actief

Bak de gevulde groenten 20 minuten in de oven op 160 °C. Serveer ze met de basilicumsaus.

Week 12 Woensdag

Courgette-tomaattaart

Klaar in 35 minuten, waarvan 10 minuten actief

Rol het deeg op een bakplaat uit. Verdeel het ui-courgettemengsel erover en voeg de helft van de (doormidden gesneden) kerstomaatjes en de comté toe. Klop 1 ei los met de crème fraîche en de (verkruimelde) geitenkaas, voeg naar smaak nog wat zout en peper toe en giet het mengsel over de groenten. Zet de taart circa 30 minuten in de oven. Serveer met de helft van de sla, gemengd met wat basilicumblaadjes en op smaak gebracht met een beetje olijfolie en balsamicoazijn.

VOOR DONDERDAG Haal de curry uit de vriezer en zet in de koelkast.

Curry van groenten en rijst

Klaar in 20 minuten, waarvan 10 minuten actief

Kook de rijst in 1,5 keer de hoeveelheid gezouten water in 11 minuten gaar, in een pan met een goed sluitend deksel. Het water moet volledig geabsorbeerd worden. Laat de rijst dan nog 5 minuten rusten onder een theedoek. Warm de groentecurry op. Serveer de rijst met de curry en strooi er nog wat blaadjes peterselie over.

VOOR VRIJDAG Haal de panisse uit de vriezer en zet in de koelkast.

Week 12 vrijdag

Panisse en salade

Klaar in 25 minuten, waarvan 15 minuten actief

Snijd de panisse in plakken van 1 cm dik en bak ze 5 minuten in olijfolie; draai ze af en toe om. Bestrooi ze met tijm of oregano. Kook de tarwekorrels. Meng ze in een slakom met de rest van de sla en de rest van de peterselie. Breng de salade op smaak met olijfolie, citroensap en zout. Halveer de overgebleven kerstomaatjes en leg ze erbovenop.

Vegan chocolademousse

Is al klaar

Serveer de chocolademousse met wat geschaafde chocolade.

Week 13

TIMING

2 uur
IN DE KEUKEN

maandag
Aardappelsalade

dinsdag
Pasta met rauwe en gekonfijte kerstomaatjes en ricotta

woensdag
Hamburgers

donderdag
Deegflapjes met een groente-kaasvulling

vrijdag
Tomaten-paprikasoep en kidneybonenhummus

bonusrecept
Granola

TIP

Aarzel niet om eens andere, wat 'ongewonere' bonensoorten uit te proberen, zoals mungbonen of adukibonen. Je kunt ze de dag tevoren weken en zelf koken.

ZOMER-HERFST

Buiten het seizoen kun je voor de soep tomaten uit blik gebruiken; voor de pasta kun je een goede tomatensaus combineren met zongedroogde tomaten en artisjokken op olie (uit blik).

GEEN LIEFHEBBER VAN

snijbiet? Maak de deegflapjes dan met een hartige vulling van geroosterde paprika en kaas.

Om te bewaren

2 zakjes
5 bewaardozen van circa 300 ml
7 bewaardozen van circa 750 ml
1 bewaardoos van circa 1,5 liter

Keukengerei

1 ovenschaal
2 bakplaten
2 grote pannen
1 koeken- of hapjespan
1 keukenmachine of (staaf)mixer

DINSDAG
MAANDAG
WOENSDAG
BONUS
VRIJDAG
DONDERDAG

Week 13 de boodschappen

Fruit, groenten en kruiden

- ▢ 400 g gemengde sla of jonge bladgroenten
- ▢ 500 g kleine aardappels
- ▢ 500 g kerstomaatjes
- ▢ 2 courgettes
- ▢ 1 stronk snijbiet
- ▢ 1 avocado
- ▢ 4 zoete aardappels
- ▢ 7 grote tomaten
- ▢ 200 g champignons
- ▢ 1 (voorgegaarde) maiskolf
- ▢ 1 rode paprika
- ▢ enkele takjes oregano of rozemarijn
- ▢ 2 teentjes knoflook
- ▢ 4 rode uien
- ▢ 1 bos kervel
- ▢ 1 bos bladpeterselie
- ▢ 1 limoen
- ▢ 1 citroen
- ▢ aardbeien en/of frambozen, voor bij de granola

Vers

- ▢ 5 eieren
- ▢ 15 g boter
- ▢ 100 g blauwe kaas of comté
- ▢ 1 rol korst- of bladerdeeg (huisgemaakt of uit de winkel)
- ▢ 400 g volle Franse kwark
- ▢ 200 g ricotta
- ▢ crème fraîche, voor bij de soep
- ▢ melk, voor bij de granola (optioneel)

Supermarkt

- ☐ 300 g havervlokken
- ☐ 4 eetlepels honing
- ☐ 4 eetlepels kokos- of olijfolie
- ☐ 100 g gekookte witte bonen (of uit blik)
- ☐ 400 g gekookte kidneybonen (of uit blik)
- ☐ 50 g geraspt kokos
- ☐ 75 g gedroogde vruchten naar keuze
- ☐ 100 g quinoa
- ☐ 4 kleine augurken + extra voor bij de hamburgers
- ☐ 500 g korte pasta (bijv. farfalle, pipe rigate of orecchiette)
- ☐ 50 g zongedroogde tomaten
- ☐ 1 eetlepel amandel- of sesampasta
- ☐ 150 g paneermeel
- ☐ 125 g gemengde noten naar keuze
- ☐ 4 broodjes of Engelse muffins
- ☐ grissini (soepstengels) of ciappe (toast), voor bij de soep

Bakker

- ☐ 6 sneetjes brood

Uit de voorraadkast

- ☐ olijfolie
- ☐ neutrale olie (bijv. druivenpit-, koolzaad- of zonnebloemolie)
- ☐ gerookte-paprikapoeder
- ☐ chilivlokken of -poeder
- ☐ grove mosterd
- ☐ zout, peper

Week 13 zondag

1. Voorbereidingen

30 minuten

Was de kervel en bladpeterselie en dep ze droog. Haal de blaadjes van de peterselie. Hak 2 handjes fijn en berg de rest op. → **BAKJE** → **KOELKAST**
Hak 3 takjes kervel fijn; berg de rest op. → **BAKJE** → **KOELKAST**
Was en droog de gemengde sla (of jonge bladgroenten). → **ZAKJE** → **KOELKAST**
Was de groenten. Pel de uien en hak ze fijn.
Snijd de paprika doormidden, verwijder de zaadjes en zaadlijsten en hak hem fijn.
Spoel de kerstomaatjes af. Leg de helft ervan op een bakplaat en sprenkel er 2 eetlepels olijfolie over.
Was de snijbiet en snijd de bladeren in reepjes.
Dompel ze 4 minuten onder in gezouten kokend water en laat ze uitlekken.
Rasp de courgettes grof.
Ontvel 6 tomaten (met behulp van kokend water), behalve 1 voor woensdag, en hak het vruchtvlees grof.
Spoel de witte bonen en kidneybonen af en laat ze uitlekken. Berg de witte bonen op. → **BAKJE** → **KOELKAST**
Borstel de aardappels schoon en kook (of stoom) ze in 20-25 minuten gaar. Laat ze afkoelen; je kunt ze nog schillen, maar dat hoeft niet. → **BAKJE** → **KOELKAST**
Veeg de champignons schoon, verwijder het onderste deel van het steeltje en snijd ze fijn (eventueel met een keukenmachine).
Borstel de zoete aardappels schoon. Verwarm de oven voor tot 200 °C. Bestrijk 1 zoete aardappel met een beetje olie en pof hem circa 40 minuten in de oven, tot hij zacht is. Snijd de andere aardappels in 'frieten', kook ze 10 minuten in gezouten water en laat ze afkoelen. Meng ze met 1 eetlepel olijfolie, zout, peper en wat oregano of rozemarijn. Laat afkoelen. → **BAKJE** → **KOELKAST**
Haal de maiskorrels van de kolf.
Hak de zongedroogde tomaten fijn.
Kook de quinoa 10 minuten in 1,5 keer de hoeveelheid gezouten water.

2. Soep

15 minuten

DE UIEN Smoor de fijngehakte uien 7-8 minuten in 4 eetlepels olijfolie en 15 g boter. Verdeel de uien in 3 delen: een helft voor de soep (laat die in de pan), een kwart voor de hamburgers en een kwart voor de deegflapjes.
DE SOEP Voeg de fijngehakte paprika toe aan de pan, roer alles goed door en bak nog 5-6 minuten, tot de paprika zacht is. Voeg een snufje gerookte-paprikapoeder toe, roer alles 1 minuut door en voeg dan de ontvelde, fijngehakte tomaten, de mais en 200 ml water toe. Laat alles nog 15 minuten koken, voeg 50 g kidneybonen toe en pureer de soep. Pas de smaak eventueel nog wat aan. → **BAKJE** → **VRIEZER**
DE CROUTONS Wrijf het brood in met 1 gepeld teentje knoflook, snijd het in blokjes en sprenkel er 1 eetlepel olijfolie over; meng goed. → **ZAKJE** → **VRIEZER**

3. Deegflapjes

15 minuten

Verwarm de oven voor tot 180 °C. Rol het deeg uit. Bak de snijbiet en driekwart van de courgettes in 6-7 minuten in 2 eetlepels olijfolie goudbruin. Voeg de verkruimelde blauwe kaas of geraspte comté, 50 g gehakte noten, wat chilivlokken en de helft van de (apart gehouden) gesmoorde uien toe. Snijd 4 cirkels uit het deeg, verdeel de vulling erover en vouw ze met een beetje water dicht. Leg ze op een bakplaat en bak ze in circa 30 minuten gaar. Laat afkoelen. → **PLASTICFOLIE** → **VRIEZER**

4. Pasta

10 minuten

DE RAUWE EN GEKONFIJTE KERSTOMAATJES
Zet de bakplaat met kerstomaatjes 25 minuten in de oven op 200 °C. Meng de zongedroogde tomaten met deze geroosterde tomaten en de overgebleven, doormidden gesneden, rauwe kerstomaatjes. Voeg de gehakte peterselie en 2 eetlepels olijfolie toe. **→ BAKJE → KOELKAST**

5. Saus voor de aardappelsalade en vinaigrette

15 minuten

DE SAUS Meng 1 eidooier met een beetje citroensap, zout en 1 theelepel mosterd. Voeg dan, al kloppend, 75 ml neutrale olie toe; eerst druppel voor druppel en dan in een dun straaltje. Voeg dan 2 eetlepels olijfolie, de gehakte kervel, 4 fijngehakte augurkjes en 100 g volle Franse kwark toe. **→ BAKJE → KOELKAST**
DE VINAIGRETTE Meng in een luchtdicht afsluitbaar potje 2 theelepels mosterd, 1 eetlepel citroensap, een beetje geraspte citroenschil, een beetje geraspte knoflook, zout, peper en 3 eetlepels olijfolie. Schud goed. **→ KOELKAST**

6. Hamburgers

15 minuten

Doe het restant van de gesmoorde uien terug in een (koeken)pan, voeg de champignons toe en de rest van de geraspte courgette (goed uitgelekt om zoveel mogelijk vocht te verwijderen). Bak alles circa 5 minuten. Voeg wat chilivlokken toe en schep dan de quinoa, het paneermeel en het vruchtvlees van de gepofte zoete aardappel (circa 4 eetlepels) erdoor. Vorm met dit mengsel 4 platte schijven en bak ze in 5 minuten in 4 eetlepels olijfolie goudbruin; keer ze eenmaal om. Laat afkoelen. **→ BAKJE → KOELKAST**

7. Hummus van kidneybonen

10 minuten

Pureer 350 g kidneybonen met 2 eetlepels olijfolie, 1 eetlepel amandel- of sesampuree, wat geraspte citroenschil en -sap, zout, peper en een beetje knoflook. **→ BAKJE → KOELKAST**

8. Granola

10 minuten

Meng de havervlokken, honing, kokos- of olijfolie, 75 g gemengde noten en het geraspte kokos. Voeg een beetje geraspte citroenschil toe en verdeel alles over een bakplaat. Verlaag de oventemperatuur tot 150 °C en bak de granola circa 30 minuten; roer alles regelmatig even om. Voeg dan de gedroogde vruchten toe; hak ze eventueel grof. Laat afkoelen. **→ BAKJE → VOORRAADKAST**

Week 13 maandag

Aardappelsalade

Klaar in 15 minuten, waarvan 10 minuten actief

Kook 4 eieren hard (8-9 minuten, vanaf het moment dat het water kookt) of zacht (5-6 minuten, vanaf het moment dat het water kookt). Meng de aardappels met de saus, een handje kervel, de helft van de slablaadjes en de witte bonen. Serveer met de eieren.

Pasta met rauwe en gekonfijte kerstomaatjes en ricotta

Klaar in 15 minuten, waarvan 10 minuten actief

Kook de pasta, laat hem uitlekken en meng hem met de saus van rauwe en gekonfijte kerstomaatjes. Verkruimel de ricotta erover en serveer.

Hamburgers

Klaar in 30 minuten, waarvan 10 minuten actief

Verwarm de oven voor tot 200 °C en bak de zoete-aardappelfrieten in circa 20 minuten goudbruin en knapperig. Bak de 'hamburgers' 5 minuten in een koekenpan met een beetje olijfolie. Prak het vruchtvlees van de avocado met een beetje limoensap, zout en chilivlokken of -poeder, en een paar fijngehakte peterselie- en kervelblaadjes fijn. Rooster de broodjes of Engelse muffins licht en beleg ze dan met de hamburgers, gemengde sla, 1 tomaat in plakjes en de avocadopuree. Geef er augurken en eventueel nog kant-en-klare sauzen apart bij.

Deegflapjes met een groente-kaasvulling

Klaar in 30 minuten, waarvan 10 minuten actief

Verwarm de oven voor tot 180 °C. Warm de deegflapjes in circa 30 minuten op (het is niet nodig om ze een dag van tevoren uit de vriezer te halen). Serveer ze met gemengde sla met vinaigrette.

VOOR VRIJDAG Haal de soep en kidneybonenhummus uit de vriezer en zet in de koelkast.

Week 13 vrijdag

Tomaten-paprikasoep en kidneybonenhummus

Klaar in 30 minuten, waarvan 10 minuten actief

DE CROUTONS Verwarm de oven voor tot 200 °C. Verdeel de croutons over een bakplaat en bak ze in circa 15 minuten goudbruin.

DE SOEP Warm ondertussen de soep op; voeg nog wat extra water toe als hij te dik is. Serveer de soep met een beetje crème fraîche, de croutons en fijngehakte kervel en peterselie. Geef de hummus en soepstengels of toast er apart bij.

Granola

Klaar in 5 minuten, waarvan 5 minuten actief

Serveer de granola met de kwark (of melk, naar smaak) en aardbeien en/of frambozen bij het ontbijt of als vieruurtje.

Zelf aan de slag met meal preppen

En natuurlijk kun je ook je eigen menu's samenstellen!

Om je hierbij te helpen, vind je op de volgende pagina's de benodigdheden per recept, zodat je zelf kunt mixen en matchen om je eigen weekmenu samen te stellen.

Met de bonusetiketten kun je zelf leuke bewaardozen en potjes maken.

Niet moeilijk en net zo leuk!

Brood

Huisgemaakt brood met kaas en kruiden (week 01)

KRUIDEN
- ▢ ½ bos bladpeterselie
- ▢ 1 bos bieslook

VERS
- ▢ 200 g tomme of cantal (kaas)
- ▢ boter, om in te vetten

SUPERMARKT
- ▢ 500 g tarwe- of patentbloem
- ▢ 1 zakje gedroogde bakkersgist (of 15 g verse bakkersgist)
- ▢ 2 theelepels zout
- ▢ 1 volle eetlepel grove mosterd

Pitabroodjes (week 09 en 10)

SUPERMARKT
- ▢ 500 g bloem
- ▢ 1 zakje gedroogde bakkersgist (of 15 g verse bakkersgist)
- ▢ 2 eetlepels olijfolie
- ▢ 1 theelepel zout
- ▢ 1 eetlepel gedroogde oregano (optioneel)

VERS
- ▢ 2 eetlepels crème fraîche (optioneel)

Eieren

Roereieren (week 02)

FRUIT, GROENTEN EN KRUIDEN
- ▢ 2 avocado's
- ▢ ½ citroen
- ▢ 1 sjalot
- ▢ 6 takjes koriander

VERS
- ▢ 8 eieren
- ▢ 15 g boter

SUPERMARKT
- ▢ 1 snufje chilivlokken of -poeder
- ▢ zout

Groene omelet met een wintersalade van linzen en noten (week 04)

GROENTEN EN KRUIDEN
- ▢ 1½ stronk snijbiet of paksoi (circa 400 g)
- ▢ 1-2 stronkjes witlof (of frisee of veldsla)
- ▢ 4-5 takjes bladpeterselie
- ▢ 10 walnoten
- ▢ 1 wortel, laurier, tijm of rozemarijn, 1 teentje knoflook (voor het koken van de linzen)

VERS
- ▢ 50 g verse zachte kaas
- ▢ 8 eieren

SUPERMARKT
- ▢ 100 g groene linzen
- ▢ 1 eetlepel olijfolie

VINAIGRETTE
- ▢ 1 mespunt grove mosterd
- ▢ 1 theelepel citroensap + een beetje geraspte citroenschil
- ▢ 1 eetlepel olijfolie
- ▢ zout, peper

Chakchouka, brood en salade (week 05)

FRUIT, GROENTEN EN KRUIDEN
- ▢ 4 teentjes knoflook
- ▢ 2 sjalotten
- ▢ een paar blaadjes munt
- ▢ ½ citroen

VERS
- ▢ 4 eieren
- ▢ 150 g Griekse yoghurt (optioneel)
- ▢ 80 g feta

SUPERMARKT
- ▢ 1 pot gemarineerde paprika's à 250 g (uitlekgewicht)
- ▢ 1 blik kerstomaatjes à 400 g (of gewone tomaten)
- ▢ 1 theelepel korianderzaad
- ▢ 1 theelepel komijnzaad
- ▢ 4 eetlepels olijfolie
- ▢ zout, peper

BAKKER
- ▢ brood

Frittata en salade (week 09)

GROENTEN EN KRUIDEN
- ▢ 1½ bosui
- ▢ 1½ sjalot
- ▢ ½ prei
- ▢ ½ bos koriander
- ▢ 3 takjes dille
- ▢ ½ bos bladpeterselie
- ▢ enkele sprieten bieslook
- ▢ 1 cm kurkumawortel
- ▢ ½ krop groene (of gemengde) sla

VERS
- ▢ 5 eieren
- ▢ 15 g boter

SUPERMARKT
- ▢ 2 eetlepels olijfolie
- ▢ 1 theelepel bakpoeder
- ▢ zout, peper

DRESSING
- ▢ 1 theelepel grove mosterd
- ▢ 1 eetlepel citroensap
- ▢ 1 eetlepel granaatappelmelasse
- ▢ 6 eetlepels olijfolie

Salades

Groenelinzensalade (week 02)

GROENTEN EN KRUIDEN
- ☐ 1 wortel
- ☐ 1 laurierblad
- ☐ 1 teentje knoflook
- ☐ 2 takjes munt
- ☐ 6 takjes bladpeterselie
- ☐ 1 sjalot

SUPERMARKT
- ☐ 150 g groene linzen

VINAIGRETTE
- ☐ 2 theelepels grove mosterd
- ☐ 1 theelepel citroensap + een beetje geraspte citroenschil
- ☐ 5 eetlepels olijfolie
- ☐ zout, peper

Salade van geroosterde groenten en bulgur (week 06)

GROENTEN EN KRUIDEN
- ☐ 200 g flespompoen
- ☐ circa 10 boerenkoolbladeren
- ☐ ¼ knolselderij (of 1 kleintje)
- ☐ ½ bos bladpeterselie
- ☐ ½ bos koriander
- ☐ 2 teentjes knoflook
- ☐ een paar slablaadjes

SUPERMARKT
- ☐ 50 g hazelnoten
- ☐ 4 eetlepels olijfolie
- ☐ 100 g bulgur
- ☐ 100 g gekookte kikkererwten (of uit blik)
- ☐ zout, peper

SAUS
- ☐ 100 ml tahin
- ☐ ½ granaatappel
- ☐ 2 eetlepels citroensap
- ☐ 1 teentje knoflook
- ☐ 2-3 eetlepels gehakte bladpeterselie

Linzensalade, huisgemaakte labneh, rauwkost (week 07)

FRUIT, GROENTEN EN KRUIDEN
- ☐ 100 g jonge bladgroenten (bijv. snijbiet, postelein of spinazie)
- ☐ 6 jonge wortels (bijv. bos- of waspenen)
- ☐ 1 kleine bloemkool
- ☐ 1 citroen
- ☐ 10 takjes bladpeterselie

VERS
- ☐ 350 g yoghurt
- ☐ 500 g geitenyoghurt

SUPERMARKT
- ☐ 150 g groene of zwarte linzen
- ☐ 2 eetlepels olijfolie
- ☐ 2 theelepels za'atar
- ☐ 100 g amandelen of pistachenoten

SINAASAPPELDRESSING
- ☐ 2 theelepels grove mosterd
- ☐ 1 eetlepel citroensap
- ☐ 2 eetlepels sinaasappelsap
- ☐ een beetje geraspte citroen- en sinaasappelschil
- ☐ 1 mespunt honing
- ☐ 1 snufje gerookte-paprikapoeder
- ☐ 5 eetlepels olijfolie
- ☐ zout, peper

Salade van geroosterde groenten en hummus, huisgemaakte pitabroodjes (week 09)

FRUIT, GROENTEN EN KRUIDEN
- ☐ 4 jonge wortels (bijv. bos- of waspenen)
- ☐ 250 g groene asperges
- ☐ 4 bosuien
- ☐ 200 g peultjes
- ☐ enkele takjes koriander
- ☐ enkele takjes bladpeterselie
- ☐ ½-1 teentje knoflook
- ☐ 1 citroen

SUPERMARKT
- ☐ 200 g gekookte kikkererwten (of uit blik)
- ☐ 2 eetlepels tahin (of pindakaas)
- ☐ 1 eetlepel granaatappelmelasse (optioneel)
- ☐ 1 theelepel za'atar (of tijm, sumak of komijn)
- ☐ 80 g geroosterde amandelen
- ☐ olijfolie
- ☐ grove mosterd
- ☐ zout, peper

PITABROODJES
- ☐ 500 g bloem
- ☐ 1 zakje gedroogde bakkersgist (of 15 g verse bakkersgist)
- ☐ 2 eetlepels olijfolie
- ☐ 1 theelepel zout

Witte-bonensalade met aardappels en citroenvinaigrette (week 10)

FRUIT, GROENTEN EN KRUIDEN
- ☐ 500 g nieuwe aardappels
- ☐ 1 rode ui
- ☐ 6 takjes basilicum
- ☐ 6 takjes bladpeterselie
- ☐ 1 citroen
- ☐ 200 g slablaadjes
- ☐ 200 g sperziebonen

VERS
- ☐ 4 eieren

SUPERMARKT
- ☐ 300 g gekookte witte bonen (of uit blik)
- ☐ 40 g gekonfijte citroen
- ☐ 3 eetlepels olijfolie
- ☐ 25 g geroosterde amandelen
- ☐ zout, peper

Griekse salade, pitabroodjes en tarwekorrels (week 10)

GROENTEN
- ☐ 1 kleine groene paprika
- ☐ 1 komkommer
- ☐ 4 grote rijpe tomaten
- ☐ 1 rode ui

VERS
- ☐ 200 g feta

SUPERMARKT
- ☐ 200 g tarwekorrels
- ☐ 150 g zwarte kalamata-olijven
- ☐ gedroogde oregano
- ☐ olijfolie

PITABROODJES
- ☐ 500 g bloem
- ☐ 1 zakje gedroogde bakkersgist (of 15 g verse bakkersgist)
- ☐ 2 eetlepels olijfolie
- ☐ 1 theelepel zout
- ☐ 2 eetlepels crème fraîche
- ☐ 1 eetlepel gedroogde oregano

Soepen

Tabouleh met groenteballetjes (week 11)

FRUIT, GROENTEN EN KRUIDEN
- ☐ 1 bos bladpeterselie
- ☐ 1 bos munt
- ☐ 2-3 takjes dille
- ☐ 1 takje oregano (of een beetje gedroogde)
- ☐ 4 bosuien
- ☐ 1 citroen
- ☐ 1 komkommer
- ☐ 400 g tuinbonen
- ☐ ½ teentje knoflook

VERS
- ☐ 200 g Griekse yoghurt

SUPERMARKT
- ☐ 150 g bulgur
- ☐ 200 g gekookte kikkererwten (of uit blik)
- ☐ een beetje bloem
- ☐ olijfolie
- ☐ 1 snufje gemalen komijn
- ☐ 1 snufje chilivlokken of -poeder
- ☐ 1 snufje paprikapoeder
- ☐ 2 theelepels tahin
- ☐ zout

Aardappelsalade (week 13)

FRUIT, GROENTEN EN KRUIDEN
- ☐ 500 g kleine aardappels
- ☐ 200 g gemengde sla of jonge bladgroenten
- ☐ een paar druppels citroensap
- ☐ 6 takjes kervel

VERS
- ☐ 4 eieren
- ☐ 1 eidooier
- ☐ 100 g volle Franse kwark

SUPERMARKT
- ☐ 100 g gekookte witte bonen (of uit blik)
- ☐ 1 theelepel grove mosterd
- ☐ 75 ml neutrale olie (bijv. druivenpit-, koolzaad- of zonnebloemolie)
- ☐ 2 eetlepels olijfolie
- ☐ 4 kleine augurken
- ☐ zout

Linzen-groentesoep met miso (week 01)

GROENTEN EN KRUIDEN
- ☐ ½ groene kool
- ☐ 100 g champignons
- ☐ 5 wortels (met loof)
- ☐ 2 uien
- ☐ 5 teentjes knoflook
- ☐ enkele takjes bladpeterselie of koriander

SUPERMARKT
- ☐ 150 g groene linzen
- ☐ 2 eetlepels rode miso
- ☐ 2 eetlepels olijfolie
- ☐ zout

Pompoenvelouté met croutons, amandelen en kaas (week 02)

GROENTEN EN KRUIDEN
- ☐ ½ Hokkaidopompoen (of 1 kleintje)
- ☐ 1 wortel
- ☐ 1 stengel bleekselderij
- ☐ 1½ zoete witte ui
- ☐ ½ bos bladpeterselie

VERS
- ☐ 15 g boter
- ☐ 4 eetlepels Griekse yoghurt
- ☐ 200 g tomme of andere kaas

SUPERMARKT
- ☐ 1 biologisch groentebouillonblokje

CROUTONS
- ☐ 10 sneetjes brood
- ☐ 2 teentjes knoflook
- ☐ 3 eetlepels olijfolie
- ☐ gedroogde tijm of oregano
- ☐ zout

AMANDELEN
- ☐ 150 g hele amandelen
- ☐ 1 eetlepel olijfolie
- ☐ ½ theelepel zout

Groene soep, broodjes ei (week 03)

GROENTEN EN KRUIDEN
- ☐ 200 g jonge bladgroenten (of een bosje waterkers)
- ☐ ½ bos koriander
- ☐ 3 of 4 takjes dille
- ☐ de stelen van 2 broccolistronken
- ☐ 1 wortel

SUPERMARKT
- ☐ 100 ml kokosmelk
- ☐ 1 biologisch groentebouillonblokje
- ☐ 100 g rode linzen

BROODJES EI
- ☐ 4 eieren
- ☐ 15 g boter
- ☐ enkele takjes koriander
- ☐ 4 sneetjes boerenbrood

Italiaanse soep met granen (week 04)

GROENTEN EN KRUIDEN
- ☐ 4 wortels (met loof)
- ☐ 1 stengel bleekselderij
- ☐ 1 rode ui
- ☐ ½ stronk snijbiet
- ☐ 3 teentjes knoflook
- ☐ ½ chilipepertje
- ☐ 1 takje rozemarijn, 1 laurierblad, gedroogde oregano of tijm (een van de vier of alle vier)
- ☐ bladpeterselie en/of koriander voor het serveren

VERS
- ☐ 50 g feta

SUPERMARKT
- ☐ 1 blik witte bonen à 400 g (uitlekgewicht)
- ☐ 400 ml gezeefde tomaten (passata)
- ☐ 50 g spelt of parelgerst
- ☐ 3 eetlepels olijfolie
- ☐ zout, peper

Bouillon met champignons en miso, briks met groenten (week 05)

GROENTEN EN KRUIDEN
- ☐ ⅓ bloemkool
- ☐ 170 g champignons
- ☐ 4 wortels
- ☐ 4 sjalotten
- ☐ 1 teentje knoflook
- ☐ 2 cm gemberwortel
- ☐ 1 cm kurkumawortel
- ☐ enkele takjes bladpeterselie

DIEPVRIES
- ☐ 200 g diepvriesspinazie

VERS
- ☐ 1 pakje brikvellen

SUPERMARKT
- ☐ 2 eetlepels rode miso
- ☐ 3 eetlepels olijfolie

Knolselderijsoep, broodjes met peer en gorgonzola (week 06)

FRUIT, GROENTEN EN KRUIDEN
- ☐ ¾ knolselderij (of 2 kleintjes)
- ☐ 2 uien
- ☐ 1 prei
- ☐ 1 wortel
- ☐ 4 takjes bladpeterselie
- ☐ 2 niet al te rijpe peren

VERS
- ☐ 20 g boter
- ☐ 250 g gorgonzola

SUPERMARKT
- ☐ een handje hazelnoten

BAKKER
- ☐ brood

Voorjaarsvelouté met doperwten en tuinbonen, knoflook-ricottabroodjes (week 07)

FRUIT, GROENTEN EN KRUIDEN
- ☐ 500 g (diepvries)doperwten
- ☐ 2 teentjes knoflook
- ☐ ½ bos bladpeterselie
- ☐ geraspte schil van 1 citroen

DIEPVRIES
- ☐ 200 g diepvriestuinbonen (reeds gedopt)

VERS
- ☐ 200 g ricotta
- ☐ 150 g yoghurt

SUPERMARKT
- ☐ 2 eetlepels olijfolie
- ☐ 1 biologisch groentebouillonzakje of -blokje

BAKKER
- ☐ sneetjes brood

Lenteminestrone (week 08)

GROENTEN EN KRUIDEN
- ☐ 4 jonge wortels, liefst met loof (bijv. bos- of waspenen)
- ☐ ½ prei
- ☐ 1 venkelknol
- ☐ 150 g doperwten of tuinbonen (circa 350 à 400 gram in de dop)
- ☐ 2 jonge knolraapjes (liefst met loof)
- ☐ 1-1½ ui
- ☐ 2 sjalotten
- ☐ 50 g waterkers

VERS
- ☐ een stuk korst van Parmezaanse kaas
- ☐ 15 g boter

SUPERMARKT
- ☐ 100 g gekookte witte bonen (of uit blik)
- ☐ 50 g langue d'oiseau (Noord-Afrikaanse pasta in de vorm van rijstkorrels) of letterpasta
- ☐ 2 eetlepels olijfolie

WATERKERSPESTO (⅓ VAN DIT RECEPT NODIG)
- ☐ 150 g waterkers
- ☐ 80 g geroosterde amandelen
- ☐ 1 sjalot
- ☐ 3 eetlepels olijfolie
- ☐ 2 teentjes knoflook
- ☐ 100 g Parmezaanse kaas

Wortelsoep, kruidenkaas (week 09)

FRUIT, GROENTEN EN KRUIDEN
- ☐ 8 jonge wortels (bijv. bos- of waspenen)
- ☐ 12 takjes bladpeterselie
- ☐ 2 takjes dille
- ☐ 12 takjes koriander
- ☐ 1 citroen
- ☐ 2 bosuien
- ☐ ½ bos bieslook
- ☐ ½ prei
- ☐ 1½ sjalot

VERS
- ☐ 500 g volle Franse kwark
- ☐ 15 g boter
- ☐ 100 g crème fraîche van goede kwaliteit (liefst van rauwe melk)

BAKKER
- ☐ brood

Gazpacho, broodjes met muhammara, broodjes met hummus (week 12)

GROENTEN EN KRUIDEN
- ☐ 4 tomaten
- ☐ 1 komkommer
- ☐ 2 rode uien
- ☐ 1 rode paprika
- ☐ 6 takjes bladpeterselie

BAKKER
- ☐ 2 sneetjes brood (voor de gazpacho)
- ☐ brood (voor de belegde broodjes)

SUPERMARKT
- ☐ granaatappelmelasse (optioneel)
- ☐ olijfolie
- ☐ zout, peper

MUHAMMARA
- ☐ 3 rode paprika's
- ☐ 50 g walnoten
- ☐ 2 eetlepels paneermeel
- ☐ ½ teentje knoflook
- ☐ chilivlokken of -poeder
- ☐ zout

HUMMUS
- ☐ 200 g gekookte witte bonen (of uit blik)
- ☐ 2 eetlepels tahin
- ☐ een beetje citroensap
- ☐ ½ teentje knoflook
- ☐ olijfolie
- ☐ zout

Tomaten-paprikasoep en kidneybonenhummus (week 13)

FRUIT EN GROENTEN
- ☐ 6 grote tomaten
- ☐ 1 rode paprika
- ☐ 1-1½ rode ui
- ☐ 1 (voorgegaarde) maiskolf

VERS
- ☐ 10 g boter
- ☐ crème fraîche, voor erbij

SUPERMARKT
- ☐ 50 g gekookte kidneybonen (of uit blik)
- ☐ 1 snufje gerookte-paprikapoeder
- ☐ 2 eetlepels olijfolie
- ☐ grissini (soepstengels) of ciappe (toast), voor erbij

CROUTONS
- ☐ 6 sneetjes brood
- ☐ 1 teentje knoflook
- ☐ 1 eetlepel olijfolie

KIDNEYBONENHUMMUS
- ☐ 350 g gekookte kidneybonen (of uit blik)
- ☐ 1 eetlepel amandel- of sesampasta
- ☐ 2 eetlepels olijfolie
- ☐ een beetje citroensap en geraspte citroenschil
- ☐ ½ teentje knoflook
- ☐ zout, peper

Pasta & noedels

Spaghetti alla puttanesca (week 01)

GROENTEN EN KRUIDEN
- ☐ 4 teentjes knoflook
- ☐ een mespunt chilivlokken of -poeder
- ☐ 6 takjes koriander
- ☐ 6 takjes bladpeterselie

VERS
- ☐ 100 g Parmezaanse kaas

SUPERMARKT
- ☐ 500 g spaghetti
- ☐ 1 blik gepelde tomaten
- ☐ 2 eetlepels kappertjes (liefst gezouten)
- ☐ 300 g zwarte kalamata-olijven zonder pit
- ☐ 2 eetlepels tomatenpuree
- ☐ 3 eetlepels olijfolie
- ☐ zout, peper

Pasta met kikkererwten en rozemarijn (week 02)

FRUIT, GROENTEN EN KRUIDEN
- ☐ 1 wortel
- ☐ 1 stengel bleekselderij
- ☐ 1½ zoete witte ui
- ☐ 6 takjes bladpeterselie
- ☐ 1 takje rozemarijn
- ☐ 2 laurierbladeren
- ☐ flink wat geraspte citroenschil

VERS
- ☐ een beetje geraspte kaas

SUPERMARKT
- ☐ 200 g korte pasta (bijv. fusilli, orecchiette of conchigliette)
- ☐ 1 blik kikkererwten à 400 g (uitlekgewicht)
- ☐ 2 eetlepels olijfolie
- ☐ zout

Sobanoedels met geroosterde groenten en tofu (week 03)

FRUIT EN GROENTEN
- ☐ 200 g jonge bladgroenten (of een bosje waterkers)
- ☐ ½ Hokkaidopompoen of andere soort (400 g)
- ☐ 3 aardperen
- ☐ 2 teentjes knoflook
- ☐ 1 limoen

VERS
- ☐ 200 g tofu met kruiden

SUPERMARKT
- ☐ 200 g sobanoedels
- ☐ 80 g geroosterde hazelnoten
- ☐ 1 eetlepel sojasaus
- ☐ 4 eetlepels olijfolie

Vegetarische penne bolognese (week 05)

FRUIT, GROENTEN EN KRUIDEN
- ☐ 250 g champignons
- ☐ ⅔ bloemkool
- ☐ 2 sjalotten
- ☐ 4 teentjes knoflook
- ☐ 1 chilipepertje (of chilivlokken of -poeder)
- ☐ 1 takje rozemarijn
- ☐ ½ citroen
- ☐ enkele takjes bladpeterselie

VERS
- ☐ 40 g boter
- ☐ 40 g Parmezaanse kaas

SUPERMARKT
- ☐ 500 g penne (of andere korte pasta: fusilli, pipe, orecchiette)
- ☐ 2 volle eetlepels tomatenpuree
- ☐ 3 eetlepels olijfolie
- ☐ zout

Lasagne met ricotta en spinazie (week 06)

DIEPVRIES
- ☐ 400 g diepvriesspinazie

VERS
- ☐ 200 g ricotta
- ☐ 55 g boter
- ☐ 500 ml melk

SUPERMARKT
- ☐ ½ pakje lasagnevellen (250 g)
- ☐ 40 g bloem
- ☐ 2 eetlepels pijnboompitten
- ☐ zout, peper, nootmuskaat

Noedels in bouillon (week 07)

FRUIT EN GROENTEN
- ☐ 2 stronkjes boksoi (baby-paksoi) (of 500 g diepvriesspinazie)
- ☐ 200 g peultjes
- ☐ 4 cm gemberwortel
- ☐ 4 teentjes knoflook
- ☐ 1 jonge wortel (bijv. bos- of waspeen)
- ☐ 1 limoen

VERS
- ☐ 200 g stevige tofu

SUPERMARKT
- ☐ 200 g mie
- ☐ 4-5 gedroogde shiitakes (optioneel)
- ☐ 1 biologisch groentebouillonzakje of -blokje
- ☐ sojasaus
- ☐ chilivlokken of -poeder
- ☐ sesamolie
- ☐ 1 snufje kristalsuiker

Romige pasta met citroen en rozemarijn (week 08)

FRUIT EN KRUIDEN
- ☐ 1 citroen
- ☐ 1 takje rozemarijn

VERS
- ☐ 50 g gezouten boter
- ☐ 200 g crème fraîche
- ☐ 60 g Parmezaanse kaas

SUPERMARKT
- ☐ 500 g korte pasta (bijv. orecchiette, fusilli of penne)

Spaghetti aglio olio, lentesalade (week 09)

GROENTEN EN KRUIDEN
- ☐ 3 teentjes knoflook
- ☐ 150 g sperziebonen
- ☐ ½ krop sla (of gemengde sla)
- ☐ een handje verse tuinbonen of doperwten
- ☐ enkele takjes bieslook

VERS
- ☐ 60 g Parmezaanse kaas

SUPERMARKT
- ☐ 500 g spaghetti
- ☐ 3 eetlepels olijfolie
- ☐ 1 flinke mespunt chilivlokken of -poeder

DRESSING
- ☐ 1 theelepel grove mosterd
- ☐ 1 eetlepel citroensap
- ☐ 1 eetlepel granaatappelmelasse
- ☐ 6 eetlepels olijfolie

Gratins

Pasta met pesto (week 10)

GROENTEN EN KRUIDEN
- ☐ 3 bossen basilicum
- ☐ 2 teentjes knoflook

VERS
- ☐ 50 g Parmezaanse kaas

SUPERMARKT
- ☐ 500 g linguine
- ☐ 2 eetlepels pijnboompitten
- ☐ 75 ml olijfolie
- ☐ 1 snufje grof zeezout

Pasta met courgette en basilicum (week 11)

FRUIT, GROENTEN EN KRUIDEN
- ☐ 4 courgettes
- ☐ 1 rode ui
- ☐ 1 bos basilicum
- ☐ 1 citroen
- ☐ ½ teentje knoflook
- ☐ 1 venkelknol

VERS
- ☐ 50 g ricotta salata (droge harde kaas), pecorino of Parmezaanse kaas

SUPERMARKT
- ☐ 500 g conchiglie of fusilli
- ☐ 60 g ontpitte olijven
- ☐ 60 g geroosterde amandelen
- ☐ 3 eetlepels olijfolie

Pasta met rauwe en gekonfijte kerstomaatjes en ricotta (week 13)

GROENTEN EN KRUIDEN
- ☐ 500 g kerstomaatjes
- ☐ 6 takjes bladpeterselie (of basilicum)

VERS
- ☐ 200 g ricotta

SUPERMARKT
- ☐ 500 g korte pasta (bijv. farfalle, pipe rigate of orecchiette)
- ☐ 50 g zongedroogde tomaten
- ☐ 4 eetlepels olijfolie

Welsh rarebit en salade (week 03)

GROENTEN
- ☐ ½ krop sla van het seizoen

VERS
- ☐ 250 g cheddar of tomme
- ☐ 10 g boter

SUPERMARKT
- ☐ 100 ml bruin of amberkleurig bier
- ☐ 1 flinke eetlepel grove mosterd
- ☐ peper

BAKKER
- ☐ 4 sneetjes boerenbrood

VINAIGRETTE (½ VAN DIT RECEPT NODIG)
- ☐ 3 eetlepels olijfolie
- ☐ 2 theelepels grove mosterd
- ☐ 1 eetlepel citroensap + een beetje citroenschil
- ☐ zout, peper

Gratin van cannelloni met boerenkool en verse kaas (week 04)

GROENTEN EN KRUIDEN
- ☐ 500 g boerenkool of ½ groene kool
- ☐ 1 teentje knoflook
- ☐ 8 takjes bladpeterselie

VERS
- ☐ 200 g verse kaas (geiten-, koeien- of schapenkaas)
- ☐ 150 g mozzarella

SUPERMARKT
- ☐ 16 cannelloni
- ☐ 1 theelepel olijfolie
- ☐ 1 eetlepel gojibessen (optioneel)
- ☐ 100 g gekookte witte bonen (of uit blik)

Mont d'Or met aardappels, salade (week 06)

GROENTEN
- ☐ 1 kg kleine vastkokende aardappels
- ☐ 1 teentje knoflook
- ☐ ½ krop sla van het seizoen

VERS
- ☐ 1 Mont d'Or (kaas)

SUPERMARKT
- ☐ 1 glaasje witte wijn
- ☐ 30 g hazelnoten
- ☐ zout

VINAIGRETTE (½ VAN DIT RECEPT NODIG)
- ☐ 3 eetlepels olijfolie
- ☐ 2 theelepels grove mosterd
- ☐ 1 eetlepel citroensap
- ☐ een beetje citroenschil
- ☐ een beetje geraspte knoflook
- ☐ zout, peper

Hartige French toast met salade (week 08)

GROENTEN
- ☐ 200 g broccoli of broccolikiemen
- ☐ ½ krop sla van het seizoen (of gemengde sla)

VERS
- ☐ 50 g comté (kaas)
- ☐ 200 g Griekse yoghurt
- ☐ 200 g crème fraîche
- ☐ 600 ml melk
- ☐ 3 eieren

SUPERMARKT
- ☐ 1 eetlepel grove mosterd
- ☐ paprikapoeder
- ☐ olijfolie

BAKKER
- ☐ 500 g zuurdesembrood, een beetje oud, in sneetjes

VINAIGRETTE (½ VAN DIT RECEPT NODIG)
- ☐ 3 eetlepels olijfolie
- ☐ 2 theelepels grove mosterd
- ☐ 1 eetlepel citroensap
- ☐ een beetje citroenschil
- ☐ een beetje geraspte knoflook
- ☐ zout, peper

WATERKERSPESTO (⅔ VAN DIT RECEPT NODIG)
- ☐ 150 g waterkers
- ☐ 80 g geroosterde amandelen
- ☐ 1 sjalot
- ☐ 3 eetlepels olijfolie
- ☐ 2 teentjes knoflook
- ☐ 100 g Parmezaanse kaas

Groenten

Melanzane alla parmigiana (week 10)

GROENTEN EN KRUIDEN
- ▢ 3 aubergines
- ▢ 2 courgettes
- ▢ 10 rijpe tomaten
- ▢ 4 teentjes knoflook
- ▢ 6 takjes basilicum
- ▢ ½ krop sla, voor erbij

VERS
- ▢ 200 g mozzarella
- ▢ 50 g Parmezaanse kaas

SUPERMARKT
- ▢ 400 g gekookte witte bonen (of uit blik)
- ▢ 75 ml olijfolie
- ▢ gedroogde oregano
- ▢ 1 snufje kristalsuiker
- ▢ zout

Provençaalse groentetian met gepocheerde eieren (week 11)

FRUIT, GROENTEN EN KRUIDEN
- ▢ 700 g tomaten
- ▢ 6 courgettes
- ▢ 2 rode uien
- ▢ 2 teentjes knoflook
- ▢ 1 takje oregano of rozemarijn
- ▢ 1 venkelknol

VERS
- ▢ 5 eieren
- ▢ 150 ml melk

SUPERMARKT
- ▢ olijfolie
- ▢ witte azijn, voor het pocheren

Aardappelkoeken (week 02)

GROENTEN
- ▢ 400 g aardappels

VERS
- ▢ 30 g boter + 15 g om te bakken

SUPERMARKT
- ▢ 100 g bloem + extra om te bestuiven
- ▢ een beetje nootmuskaat

Geroosterde wortelgroenten met een romige saus (week 04)

GROENTEN EN KRUIDEN
- ▢ 2 middelgrote zoete aardappels
- ▢ 2 schorseneren of pastinaken
- ▢ 4 takjes koriander
- ▢ een paar slablaadjes (witlof, frisee of veldsla)
- ▢ een handje bloemkoolroosjes

VERS
- ▢ 85 g feta

SUPERMARKT
- ▢ 50 g groene linzen
- ▢ 2 eetlepels olijfolie
- ▢ zout, peper

ROMIGE SAUS
- ▢ 2 eetlepels citroensap
- ▢ 2 eetlepels sinaasappelsap
- ▢ 2 eetlepels olijfolie
- ▢ ½ theelepel grove mosterd
- ▢ 1 eetlepel pindakaas
- ▢ 1 eetlepel Griekse yoghurt
- ▢ 15 g feta
- ▢ 2 eetlepels korianderblaadjes
- ▢ 2 eetlepels pijnboompitten

Bloemkool op z'n Indiaas met rijst (week 04)

FRUIT, GROENTEN EN KRUIDEN
- ▢ 1 bloemkool
- ▢ ½ stronk snijbiet
- ▢ 2 cm gemberwortel
- ▢ 1 cm kurkumawortel of 1 snufje gemalen kurkuma
- ▢ ½ vers chilipepertje of 1 flinke mespunt chilivlokken (optioneel)
- ▢ 7-8 takjes koriander
- ▢ 1 eetlepel citroensap

VERS
- ▢ 4 eetlepels Griekse yoghurt, voor erbij

SUPERMARKT
- ▢ 240 g langkorrelige (half-)volkoren rijst
- ▢ 4 eetlepels neutrale olie
- ▢ 1 eetlepel Indiaas specerijenmengsel (garam masala)
- ▢ zout

Aubergine met miso, rijst (week 10)

FRUIT, GROENTEN EN KRUIDEN
- ▢ 3 aubergines
- ▢ 2 cm gemberwortel
- ▢ 6 takjes bladpeterselie (of koriander)
- ▢ 1 citroen
- ▢ een handje basilicumblaadjes

SUPERMARKT
- ▢ 240 g witte of half-volkoren rijst
- ▢ 2 eetlepels olijfolie
- ▢ 2 eetlepels rode miso
- ▢ 25 g geroosterde amandelen

Gevulde groenten (week 12)

GROENTEN EN KRUIDEN
- ▢ 4 courgettes
- ▢ 4 uien
- ▢ 4 tomaten
- ▢ 1 rode paprika
- ▢ 6 teentjes knoflook
- ▢ 1½ bos basilicum
- ▢ 1-2 takjes tijm of oregano (of gedroogde)

SUPERMARKT
- ▢ gerookte-paprikapoeder
- ▢ olijfolie
- ▢ een handje rijst
- ▢ 1 eetlepel kappertjes
- ▢ zout

Peulvruchten + groenten

Curry van groenten en rijst (week 12)

GROENTEN EN KRUIDEN
- ▢ 3 courgettes
- ▢ 2 aubergines
- ▢ 3 rode uien
- ▢ 2 teentjes knoflook
- ▢ 3 cm gemberwortel
- ▢ 2-3 takjes bladpeterselie

SUPERMARKT
- ▢ 1 blik gepelde tomaten
- ▢ 240 g langkorrelige rijst
- ▢ 2 eetlepels garam masala
- ▢ 300 ml kokosmelk
- ▢ neutrale olie (bijv. druivenpit-, koolzaad- of zonnebloemolie)
- ▢ zout

Dal, rijst, spinazie, kool met komijn (week 01)

FRUIT, GROENTEN EN KRUIDEN
- ▢ 2 teentjes knoflook
- ▢ 1 cm kurkumawortel
- ▢ 3 cm gemberwortel
- ▢ 6 takjes koriander
- ▢ ½ citroen

DIEPVRIES
- ▢ 200 g diepvriesspinazie

VERS
- ▢ 4 eetlepels Griekse yoghurt

SUPERMARKT
- ▢ 240 g langkorrelige witte rijst
- ▢ 200 g rode linzen
- ▢ 1 snufje chilivlokken of -poeder
- ▢ zout

KOOL MET KOMIJN
- ▢ ¼-½ groene kool
- ▢ 3 eetlepels neutrale of milde olijfolie
- ▢ 1 theelepel komijnzaad

Rijst en vegetarische curry met rode linzen (week 03)

GROENTEN EN KRUIDEN
- ▢ 1½ stronk broccoli
- ▢ 2 wortels
- ▢ 3 aardperen
- ▢ 1 (voorgegaarde) maiskolf
- ▢ ½ bos koriander
- ▢ 1 cm kurkumawortel (of 1 snufje gemalen kurkuma)

VERS
- ▢ 100 g Griekse yoghurt

SUPERMARKT
- ▢ 240 g langkorrelige witte rijst
- ▢ 150 g rode linzen
- ▢ ½ theelepel komijnzaad
- ▢ ½ theelepel mosterdzaad
- ▢ 10 fenegriekzaadjes
- ▢ 10 peperkorrels
- ▢ 1 eetlepel olijfolie
- ▢ 2 eetlepels neutrale olie

Geroosterde rode bietjes met feta en sinaasappel, linzen (week 05)

FRUIT, GROENTEN EN KRUIDEN
- ▢ 8 kleine of 4 middelgrote rode bieten, bij voorkeur in een bosje (met loof)
- ▢ 2 eetlepels gehakte bladpeterselie
- ▢ 2 sinaasappels (liefst bloedsinaasappels)

VERS
- ▢ 120 g feta
- ▢ 150 g Griekse yoghurt

SUPERMARKT
- ▢ 50 g zwarte Beluga-linzen of groene Puy-linzen
- ▢ 60 g bulgur
- ▢ 2 eetlepels pompoenpitten (liefst geroosterd)
- ▢ 1 theelepel korianderzaad
- ▢ 3 eetlepels olijfolie
- ▢ zout, peper

Spinazie-linzenrijst met kruiden en yoghurt (week 05)

GROENTEN EN KRUIDEN
- ▢ 80 g champignons
- ▢ 1 wortel
- ▢ 2 cm gemberwortel
- ▢ 0,5 cm kurkumawortel (of een snufje gemalen kurkuma)
- ▢ 2 sjalotten
- ▢ een paar blaadjes munt en/of bladpeterselie

DIEPVRIES
- ▢ 400 g diepvriesspinazie

VERS
- ▢ 150 g Griekse yoghurt
- ▢ 15 g boter

SUPERMARKT
- ▢ 150 g zwarte Beluga-linzen of groene Puy-linzen
- ▢ 150 g half-volkoren rijst
- ▢ 25 g geraspt kokos + extra voor het serveren (optioneel)
- ▢ ½ theelepel komijnzaad
- ▢ ½ theelepel korianderzaad
- ▢ 1 eetlepel neutrale olie of milde olijfolie
- ▢ zout, peper

Groenten + granen

Panisse en salade (week 12)

FRUIT, GROENTEN EN KRUIDEN
- ☐ ½ bos bladpeterselie
- ☐ 2-3 kropjes little gem
- ☐ een beetje citroensap
- ☐ 250 g kerstomaatjes
- ☐ enkele takjes tijm of oregano (of gedroogde)

VERS
- ☐ 30 g boter

SUPERMARKT
- ☐ 150 g tarwekorrels (of spelt of bulgur)
- ☐ 300 g kikkererwtenmeel
- ☐ olijfolie
- ☐ zout

Champignons, spinazie, gebakken eieren, bulgur (week 01)

GROENTEN
- ☐ 400 g champignons

DIEPVRIES
- ☐ 400 g diepvriesspinazie

VERS
- ☐ 4 (of 8) eieren
- ☐ 15 g boter

SUPERMARKT
- ☐ 150 g bulgur
- ☐ 1 eetlepel olijfolie
- ☐ zout, peper

Geroosterde pompoen met burrata en pecannoten, groenelinzensalade (week 02)

GROENTEN EN KRUIDEN
- ☐ ½ Hokkaidopompoen (of 1 kleintje)
- ☐ 2 teentjes knoflook
- ☐ gedroogde tijm of oregano
- ☐ 1 wortel
- ☐ 1 laurierblad
- ☐ 1 teentje knoflook
- ☐ 2 takjes munt
- ☐ 6 takjes bladpeterselie
- ☐ 1 sjalot

VERS
- ☐ 500 g burrata (of buffelmozzarella)

SUPERMARKT
- ☐ 80 g ongebrande, ongezouten pecannoten
- ☐ 2 eetlepels olijfolie
- ☐ 150 g groene linzen

DRESSING
- ☐ 2 theelepels grove mosterd
- ☐ 1 theelepel citroensap + een beetje geraspte citroenschil
- ☐ 1 eetlepels olijfolie
- ☐ zout, peper

Couscous met wintergroenten (week 06)

FRUIT, GROENTEN EN KRUIDEN
- ☐ 400 g flespompoen
- ☐ 4 wortels
- ☐ 2 cm gemberwortel
- ☐ 4 teentjes knoflook
- ☐ 2 uien
- ☐ 1 sinaasappel
- ☐ ½ bos koriander

DIEPVRIES
- ☐ 200 g diepvriesspinazie

SUPERMARKT
- ☐ 240 g bulgur
- ☐ 200 g gekookte kikkererwten (of uit blik)
- ☐ 1 theelepel komijnzaad
- ☐ 1 kaneelstokje
- ☐ chilivlokken of -poeder
- ☐ 2 eetlepels tomatenpuree
- ☐ 3 eetlepels olijfolie
- ☐ 2 medjooldadels
- ☐ 30 g gekonfijte citroen
- ☐ 3 kardemompeulen

Geroosterde asperges met zachtgekookte eieren, salade van venkel, sinaasappel en quinoa (week 07)

FRUIT EN GROENTEN
- ☐ 500 g groene asperges
- ☐ 1 venkelknol
- ☐ 2 sinaasappels
- ☐ 1 citroen
- ☐ een beetje knoflook

VERS
- ☐ 4 eieren

SUPERMARKT
- ☐ 150 g quinoa
- ☐ 6 eetlepels olijfolie
- ☐ 1 snufje gerookte-paprikapoeder
- ☐ 2 eetlepels sesamzaad
- ☐ honing
- ☐ grove mosterd
- ☐ zout, peper

Rijst

Risotto van tarwekorrels met peultjes (week 08)

GROENTEN EN KRUIDEN
- ▢ 200 g peultjes
- ▢ 5 takjes kervel
- ▢ 2 jonge wortels (bijv. was- of bospenen)
- ▢ ½ prei
- ▢ ½ ui
- ▢ 1 sjalot
- ▢ 50 g waterkers

VERS
- ▢ 15 g gezouten boter

SUPERMARKT
- ▢ 180 g tarwekorrels of spelt
- ▢ 1 biologisch groentebouillonzakje of -blokje
- ▢ 2 eetlepels olijfolie

KRUIDENBOTER MET CITROEN
- ▢ 45 g gezouten boter
- ▢ geraspte schil van 1 citroen
- ▢ ½ bos bieslook
- ▢ ½ bos kervel
- ▢ peper

Gebakken sperziebonen met rijst en tofu (week 09)

GROENTEN
- ▢ 350 g sperziebonen
- ▢ 2 teentjes knoflook
- ▢ 4 cm gemberwortel
- ▢ 1 sjalot
- ▢ 1 bosui
- ▢ ½ prei
- ▢ 100 g verse shiitakes of champignons

VERS
- ▢ 200 g stevige tofu
- ▢ 45 g boter

SUPERMARKT
- ▢ 250 g witte rijst
- ▢ olijfolie
- ▢ 4 eetlepels sojasaus
- ▢ 120 ml droge witte wijn (of 3 eetlepels mirin)
- ▢ 1 snufje chilivlokken of -poeder
- ▢ 1 biologisch groentebouillonzakje of -blokje

Hamburgers (week 13)

FRUIT, GROENTEN EN KRUIDEN
- ▢ 4 zoete aardappels
- ▢ 200 g champignons
- ▢ ½ courgette (circa 50 g)
- ▢ 1 tomaat
- ▢ 1 avocado
- ▢ 1 limoen
- ▢ 1 rode ui
- ▢ 50 g gemengde sla of jonge bladgroenten
- ▢ wat bladpeterselie- en kervelblaadjes
- ▢ enkele takjes oregano of rozemarijn

SUPERMARKT
- ▢ 4 broodjes of Engelse muffins
- ▢ 150 g paneermeel
- ▢ 100 g quinoa
- ▢ een beetje chilivlokken of -poeder
- ▢ 5 eetlepels olijfolie
- ▢ augurken, voor erbij
- ▢ kant-en-klare sauzen, voor erbij (optioneel)
- ▢ zout, peper

Gebakken rijst met groene kool (week 02)

GROENTEN EN KRUIDEN
- ▢ 1 kleine groene kool
- ▢ 2 wortels
- ▢ 3 cm gemberwortel
- ▢ 1 teentje knoflook
- ▢ 6 takjes koriander

DIEPVRIES
- ▢ 200 g diepvriesdoperwten

VERS
- ▢ 1 ei

SUPERMARKT
- ▢ 200 g rijst
- ▢ 1 eetlepel neutrale olie of milde olijfolie
- ▢ 2 eetlepels sojasaus

Gebakken rijst met zomergroenten (week 11)

FRUIT, GROENTEN EN KRUIDEN
- ▢ 2 rode paprika's
- ▢ 2 groene paprika's
- ▢ 1 kg tomaten
- ▢ 4 teentjes knoflook
- ▢ 3 rode uien
- ▢ 2-3 takjes bladpeterselie

SUPERMARKT
- ▢ 400 g langkorrelige Camarguerijst
- ▢ enkele draadjes saffraan
- ▢ 200 g gekookte witte bonen (of uit blik)
- ▢ olijfolie
- ▢ zout

Taarten, quiches, pizza's & deegflapjes

Uientaart, salade (week 01)

GROENTEN EN KRUIDEN
- ▢ 8 uien
- ▢ 5 takjes bladpeterselie
- ▢ 1 krop sla

VERS
- ▢ 165 g boter + extra om in te vetten
- ▢ 100 g tomme of cantal
- ▢ 1 ei
- ▢ 150 g Griekse yoghurt

SUPERMARKT
- ▢ 200 g bloem
- ▢ 2 eetlepels olijfolie
- ▢ zout, peper

VINAIGRETTE
- ▢ ½ citroen
- ▢ een beetje geraspte knoflook
- ▢ 2 theelepels grove mosterd
- ▢ 3 eetlepels olijfolie
- ▢ zout, peper

Groentequiche (week 03)

GROENTEN EN KRUIDEN
- ▢ 200 g Hokkaidopompoen (of andere pompoensoort)
- ▢ 1 wortel
- ▢ ½ stronk broccoli
- ▢ 1 (voorgegaarde) maiskolf
- ▢ 3 of 4 takjes dille
- ▢ ½ krop andijvie (of andere sla van het seizoen), voor erbij

VERS
- ▢ 160 g boter
- ▢ 300 g Griekse yoghurt
- ▢ 2 eieren

SUPERMARKT
- ▢ 200 g bloem
- ▢ een beetje nootmuskaat
- ▢ zout, peper

VINAIGRETTE (½ VAN DIT RECEPT NODIG)
- ▢ 3 eetlepels olijfolie
- ▢ 2 theelepels grove mosterd
- ▢ 1 eetlepel citroensap + een beetje geraspte citroenschil
- ▢ zout, peper

Pizza met gekaramelliseerde venkel en mozzarella (week 07)

GROENTEN EN KRUIDEN
- ▢ 2 venkelknollen
- ▢ 50 g jonge bladgroenten (bijv. snijbiet, postelein of spinazie)

VERS
- ▢ 300 g mozzarella

SUPERMARKT
- ▢ 1 snufje kristalsuiker
- ▢ 450 g bloem
- ▢ 1 zakje gedroogde bakkersgist (of 15 g verse bakkersgist)
- ▢ 50 g zwarte kalamata-olijven
- ▢ 4 eetlepels olijfolie
- ▢ zout

Quiche met gerookte tofu (week 08)

GROENTEN EN KRUIDEN
- ▢ ½ bos bieslook
- ▢ 100 g broccoli of broccolikiemen
- ▢ ½ krop sla van het seizoen (of een zakje gemengde sla), voor erbij
- ▢ 50 g waterkers, voor erbij

VERS
- ▢ 160 g gezouten boter
- ▢ 200 g gerookte tofu
- ▢ 300 g Griekse yoghurt
- ▢ 100 g crème fraîche
- ▢ 2 eieren

SUPERMARKT
- ▢ 200 g bloem
- ▢ paprikapoeder
- ▢ nootmuskaat

VINAIGRETTE (½ VAN DIT RECEPT NODIG)
- ▢ 3 eetlepels olijfolie
- ▢ 2 theelepels grove mosterd
- ▢ 1 eetlepel citroensap
- ▢ een beetje geraspte citroenschil
- ▢ een beetje geraspte knoflook
- ▢ zout, peper

Spanakopita (week 11)

DIEPVRIES
- ▢ 600 g diepvriesspinazie (of 1,5 kg verse spinazie)

FRUIT, GROENTEN EN KRUIDEN
- ▢ 1 rode ui
- ▢ 4 bosuien
- ▢ 2-3 takjes dille
- ▢ 2 takjes munt
- ▢ 1 takje oregano (of een beetje gedroogde)
- ▢ 1 citroen
- ▢ 1 krop sla, voor erbij

VERS
- ▢ 300 g feta
- ▢ 250 g filodeeg
- ▢ 2 eieren

SUPERMARKT
- ▢ olijfolie
- ▢ nootmuskaat
- ▢ zout, peper

Courgette-tomaattaart (week 12)

GROENTEN EN KRUIDEN
- ▢ 3 courgettes
- ▢ 250 g kerstomaatjes
- ▢ 1 rode ui
- ▢ ½ bos basilicum
- ▢ 2-3 little gems, voor erbij

VERS
- ▢ 1 rol korst- of bladerdeeg (huisgemaakt of uit de winkel)
- ▢ 200 g geitenkaas
- ▢ 50 g jonge comté (kaas)
- ▢ 150 g crème fraîche
- ▢ 1 ei

SUPERMARKT
- ▢ 3 eetlepels olijfolie
- ▢ 50 g zongedroogde tomaatjes
- ▢ balsamicoazijn
- ▢ zout, peper

Desserts, ontbijtjes & tussen

Deegflapjes met een groente-kaasvulling (week 13)

GROENTEN
- ▢ 1 stronk snijbiet
- ▢ 1½ courgette
- ▢ 1 rode ui
- ▢ 150 g gemengde sla of jonge bladgroenten, voor erbij

VERS
- ▢ 1 rol korst- of bladerdeeg (huisgemaakt of uit de winkel)
- ▢ 100 g blauwe kaas of comté

SUPERMARKT
- ▢ 50 g gemengde noten
- ▢ 2 eetlepels olijfolie
- ▢ 1 snufje chilipoeder

VINAIGRETTE (½ VAN DIT RECEPT NODIG)
- ▢ 3 eetlepels olijfolie
- ▢ 2 theelepels grove mosterd
- ▢ 1 eetlepel citroensap
- ▢ een beetje geraspte citroenschil
- ▢ een beetje geraspte knoflook
- ▢ zout, peper

Clafoutis met pruimen (week 02)

VERS
- ▢ 300 ml melk
- ▢ 4 eieren
- ▢ 150 g Griekse yoghurt
- ▢ boter, om in te vetten

SUPERMARKT
- ▢ 45 g bloem
- ▢ 35 g kristalsuiker
- ▢ 250 g gedroogde pruimen zonder pit
- ▢ een beetje rum

Bananenbrood (week 03)

FRUIT
- ▢ 3 heel rijpe bananen

VERS
- ▢ 150 g boter op kamertemperatuur + een beetje voor de vorm
- ▢ 3 eieren
- ▢ 100 g Griekse yoghurt

SUPERMARKT
- ▢ 350 g bloem
- ▢ 160 g kristalsuiker
- ▢ 100 g geroosterde hazelnoten
- ▢ 1 flinke theelepel natriumbicarbonaat
- ▢ 1 flinke snuf zout

Smoothie voor extra energie (week 04)

FRUIT EN GROENTEN
- ▢ 2 bananen
- ▢ 1 snufje geraspte gember (optioneel)

DIEPVRIES
- ▢ 150 g diepvriesframbozen

VERS
- ▢ 250 g Griekse yoghurt
- ▢ 200 ml melk

SUPERMARKT
- ▢ 2 eetlepels kleine havervlokken (optioneel)

Carrot cake (week 05)

GROENTEN
- ▢ 500 g wortels (circa 5 wortels)

VERS
- ▢ 5 eieren
- ▢ 100 g boter
- ▢ 125 g zuivelspread

SUPERMARKT
- ▢ 240 g bloem
- ▢ 1½ theelepel bakpoeder
- ▢ 30 g neutrale olie
- ▢ 1 theelepel kaneel of quatre épices
- ▢ 1 theelepel zout
- ▢ 75 g geraspt kokos
- ▢ 75 g walnoten
- ▢ 400 g bruine suiker
- ▢ 175 g poedersuiker

Havermoutpap en pittige Indiase kruidenthee (*chai*) (week 06)

HAVERMOUTPAP
- ▢ 100 g havervlokken
- ▢ 2 medjooldadels
- ▢ 200 ml melk
- ▢ 1 snufje zout
- ▢ 1 eetlepel honing of ahornsiroop

CHAI
- ▢ 2 cm gemberwortel
- ▢ 6 kruidnagels
- ▢ 2 zwarte-peperkorrels
- ▢ 5 kardemompeulen
- ▢ 1 steranijs
- ▢ 1 kaneelstokje
- ▢ 2 eetlepels zwarte thee
- ▢ 200 ml melk
- ▢ kristalsuiker of andere zoetstof (optioneel)

Welsh cakes (week 07)

VERS
- ▢ 170 g boter + een beetje om te bakken
- ▢ 1 ei

SUPERMARKT
- ▢ 225 g bloem
- ▢ ½ theelepel bakpoeder
- ▢ 80 g bruine suiker
- ▢ 80 g rozijnen
- ▢ ½ theelepel quatre épices (of nootmuskaat en kaneel)
- ▢ 1 flinke snuf zout

oortjes

Huisgemaakte graanrepen met rood fruit (week 08)

FRUIT
- ▢ 250 g aardbeien en/of frambozen
- ▢ 2 appels

VERS
- ▢ 150 g gezouten boter

SUPERMARKT
- ▢ 180 g bloem
- ▢ 90 g havervlokken
- ▢ 40 g pecannoten
- ▢ 50 g rozijnen
- ▢ 1 theelepel bakpoeder
- ▢ 75 g kristalsuiker
- ▢ 1 snufje kaneel
- ▢ 1 snufje nootmuskaat

Aardbeienijs (week 09)

FRUIT
- ▢ 500 g aardbeien

VERS
- ▢ 200 g crème fraîche van goede kwaliteit (liefst van rauwe melk)

SUPERMARKT
- ▢ een beetje kristalsuiker

Frambozenclafoutis met amandeldrink (week 10)

FRUIT
- ▢ 250 g frambozen

VERS
- ▢ 4 eieren
- ▢ 200 g crème fraîche
- ▢ 25 g boter voor de vorm

SUPERMARKT
- ▢ 2-3 eetlepels Grand Marnier of andere sterkedrank
- ▢ 75 g bloem
- ▢ 50 g kristalsuiker
- ▢ 200 ml amandeldrink
- ▢ 1 snufje zout

Fruitcrumble (week 11)

FRUIT
- ▢ 2 kg abrikozen
- ▢ 200 g frambozen

VERS
- ▢ 150 g boter
- ▢ crème fraîche, voor erbij

SUPERMARKT
- ▢ 200 g bloem
- ▢ 100 g kristalsuiker + 2 eetlepels
- ▢ 2 eetlepels havervlokken
- ▢ kaneel
- ▢ 1 vanillestokje

Vegan chocolademousse (week 12)

SUPERMARKT
- ▢ 200 g pure chocolade + extra voor het serveren
- ▢ 30 g kristalsuiker
- ▢ het uitlekvocht van 200 g witte bonen (uit blik)

Granola (week 13)

FRUIT
- ▢ 1 citroen
- ▢ frambozen en/of aardbeien, voor erbij

VERS
- ▢ 300 g volle Franse kwark, voor erbij
- ▢ melk, voor erbij (optioneel)

SUPERMARKT
- ▢ 300 g havervlokken
- ▢ 4 eetlepels honing
- ▢ 4 eetlepels kokos- of olijfolie
- ▢ 75 g gemengde noten naar keuze
- ▢ 50 g geraspt kokos
- ▢ 75 g gedroogde vruchten naar keuze

REGISTER

Bedankt!

Christine, Anne, Audrey en Pierre.

Becht 2019

Voor het Nederlandse taalgebied:

Postbus 317, 2000 AH Haarlem
(e-mail: info@gottmer.nl)
Uitgeverij J.H. Gottmer/H.J.W. Becht BV is onderdeel
van de Gottmer Uitgeversgroep BV

Oorspronkelijke titel: *Batch cooking veggie*

Vertaling: Linda Beukers
Redactie: Inge Huijs
Opmaak: Studio Nico Swanink, Haarlem

ISBN 978 90 230 1617 5
NUR 440

www.becht-boeken.nl

Datum:

Gerecht:

Gemaakt op:

Datum:

Gerecht:

Gemaakt op:

Datum:

Inhoud:

Te gebruiken voor:

Datum:
Inhoud:
Te gebruiken voor:

Datum:

Inhoud:

Te gebruiken voor:

Datum:

Inhoud:

Te gebruiken voor:

Datum:

Gerecht:

Gemaakt op:

Datum:
Gerecht:
Gemaakt op:

Datum:

Gerecht:

Gemaakt op:

Datum:

Inhoud:

Te gebruiken voor:

Datum:

Inhoud:

Te gebruiken voor:

Datum:

Inhoud:

Te gebruiken voor: